Couverture inférieure manquante

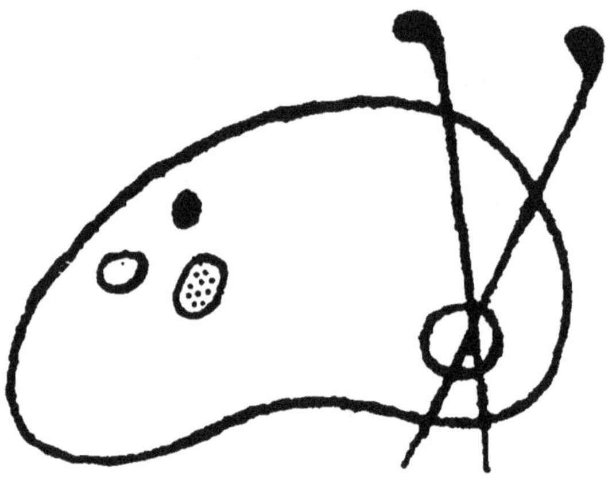

Début d'une série de documents
en couleur

À Rome

Pour la Canonisation de Saint Pierre FOURIER

PÈLERINAGE

LORRAIN-BARRISIEN

par M. l'Abbé PIERFITTE

Curé de PORTIEUX

REMIREMONT
IMPRIMERIE KOPF-ROUSSEL

1897

LE

PÈLERINAGE LORRAIN

·A ROME·

SUR LE CHEMIN DE ROME

Les joies sont bien courtes ici-bas : heureusement que Dieu, dans sa bonté, nous a donné l'imagination et le souvenir pour les prolonger et les grandir presque indéfiniment. Grâce à cette double faculté, la jouissance n'est plus restreinte aux quelques jours que dure un voyage ; mais nous nous en réjouissons longtemps d'avance, et les joies que l'on se figure ne sont pas toujours les moins vives, nous en jouissons mieux pendant, et nous nous en rejouissons encore après.

S'en est-on réjoui d'avance, de ce grand pèlerinage ! Surtout dans nos villages où la vie est si monotone, pour nos bons paysans dont l'existence régulière est faite de jours semblables, le 24 mai est plus qu'une date, c'est un évènement.

On s'y est préparé plus ou moins longuement, beaucoup ont fait leur testament, tous leurs adieux plus ou moins solennels. Longtemps avant l'heure on est à la gare, car il ne faut pas manquer le train. Pour la première fois peut-être, on trouve qu'il ne va pas assez vite. Enfin le voici... En route.

— Montez, on vous passera vos bagages, et chacun s'empare des fortunés colis qui verront Rome ; heureux colis !

— Vous avez tout ?

— Oui, oui.

— Adieu ! Adieu !

— Vous prierez pour moi... — Oui !

— Et pour moi... — Oui, oui !

— Bon voyage !

— Bonne santé ! Bon retour !

— Bon retour ? qui parle de retour ! Allongez mes jours, mais retardez mon retour tant que vous pourrez. Souhaitez-nous plutôt des jours de 48 heures, vous attendrez peut-être un peu plus le revoir, mais vous n'y perdrez rien, nous reviendrons avec le double de souvenirs à vous raconter...

Mais le coup de sifflet a retenti, la vapeur nous emporte. Ah ! c'est une belle chose que la vapeur, jamais nous ne l'avons si bien senti, *Benedicite omnia opera Domini Domino !*

Nous nous penchons une dernière fois à la portière, où l'on reste à regarder partir les pèlerins, comme les apôtres contemplaient le Sauveur montant au ciel au jour de l'Ascension. Aller à Rome, n'est-ce pas aller du côté du ciel ? il s'y prépare de si belles fêtes.

A Epinal, les trains se succèdent et les quais d'embarquement s'animent.

— Tiens, vous en êtes ? Tant mieux !

— Et vous aussi ? Quel bonheur !

Et les mains s'étreignent vigoureusement.

Décidément, rien ne manquera : il fait un temps à souhait, et aux sourires de la nature viendront s'ajouter les charmes d'une vieille amitié renouée pendant le voyage. Dieu soit béni, le temps passera vite.

On se groupe autant que possible, pendant que le train spécial s'organise.

— Ne nous pressons pas, Messieurs, chacun aura sa place.

Et en effet, tous les compartiments sont numérotés : on n'a qu'à consulter son billet et l'on sait où trouver sa place.

L'embarquement se fait en un clin d'œil, et à 8 h. précises le train s'ébranle.

— Bon signe, remarque mon voisin, nous partons à l'heure : un bon point à la Direction. Pourvu que cela dure !

Pendant que les adieux se prolongent sur le quai par signes et que les mouchoirs s'agitent aux portières, on a entonné le *Magnificat* dans la plupart des wagons.

A chaque station, nous prenons quelques pèlerins. A Aillevillers, ce sont des groupes nombreux qui nous attendent, ceux de Langres et de Besançon. Aussi, faudra-t-il ajouter deux wagons au train spécial. (1)

Belfort, 2 heures 1/2 d'arrêt, c'est beaucoup. Comment les dépenser ? Nous allons voir le fameux lion, c'est une visite de rigueur, puis chanter un *Tantum ergo* à l'église, où le directeur du pèlerinage nous a convoqués pour nous

______

(1) Surtout pour les pèlerins de Besançon, qui arrivent à être 9, grâce à la propagande active de Monseigneur Jeannin. Gray, auquel le Bon Père a légué son cœur, est plus généreux encore, il envoie 16 pèlerins aux fêtes de Rome !! De plus on préparera de grandes fêtes à Gray les 9, 10 et 11 juillet, auxquelles on convoquera la Lorraine.

faire ses dernières recommandations et diverses communications.

A 3 heures, nous sommes en Suisse. On se prépare à devenir tout yeux pour voir le paysage. Le temps est splendide, la nature en fête, tous les bourgeons hors de l'écorce, tous les hommes hors des maisons, car la fenaison est ouverte : les sites n'ont qu'à gagner à cette animation.

Seulement voilà, les premières figures que l'on trouve en face de soi, quand on passe la frontière, ce sont des figures de douaniers. Heureusement que ceux de Porrentruy sont bons princes : ils ne font ouvrir que les portières... sur le marche-pied desquelles ils se présentent poliment :

— Vous n'avez rien à déclarer ?

— Rien.

— Très bien !

Avant que vous ayez eu le temps de les remercier de leur courtoisie, ils ont déjà refermé la portière et commencé le même colloque avec le compartiment suivant.

Voilà cette douane dont on nous menace depuis ce matin ! Eh ! mais, c'est un plaisir de plus. On respire... le bon vent qui souffle du Nord, et l'on se repelotte dans son petit coin en se frottant les mains. Plus de nuages dans notre ciel ; nous récitons notre bréviaire, puis le deuxième chapelet, après quoi les langues se délient et l'on fait salon. Le pèlerinage prend sa bonne physionomie familiale : on cause sans tumulte, le cœur s'ouvre, la confiance s'établit, un lien se noue entre tous les pèlerins qui forment une grande famille dont le saint curé de Mattaincourt est bien le *Bon Père*.

— Combien sommes-nous ?

— 690 (1), nous répond-on ; car les adhésions de la dernière heure ont dépassé toutes les prévisions. Il faut que l'agence Lubin soit organisée comme elle l'est pour accepter ainsi des centaines de pèlerins et leur faire préparer en quelques jours le gîte et le vivre à travers la Suisse et l'Italie.

Peu à peu les regards se concentrent aux portières, et les exclamations varient avec les points de vue qui se succèdent tantôt gracieux comme des miniatures, tantôt sévères et imposants comme la grande nature ; ici l'œil

---

(1) 123 du diocèse de Nancy, sous la direction de M. l'abbé Benoit, 44 de celui de Verdun, sous la direction de M. l'abbé Houzelot, 42 de celui de Langres, sous la direction de M. l'abbé Andrieux, curé de Dompierre, et 373 du diocèse de Saint-Dié, formant le groupe de Mattaincourt. A ce nombre il faut ajouter les nombreux pèlerins partis à l'avance par groupes ou isolément, et que nous retrouverons à Rome.

plonge sur Sainte-Ursanne, paysage discret, reposé, chuchottant, une vraie bonbonnière de vallée, au fond de laquelle un vieux bourg ramassé sur lui-même, se blottit tranquillement au pied de son roc de granit comme un chat au soleil ; là, une vieille tour trouée par les siècles, dresse un pan de mur en forme d'écumoire, que le temps a sans doute oublié sur le sommet de la colline, comme un voyageur trop pressé qui va sans retourner la tête. Plus loin, nous entrons dans le Val-Moutiers et les sites sauvages vont multiplier aux portières la gamme des exclamations :

— Oh ! regardez donc !

— Et ceci ! et cela !

Ne les décrivons pas : il nous faudrait le pinceau de Salvator Rosa et sa puissance.

— Bâle ! tout le monde descend.

Ce n'est pas assez, il faut descendre avec armes et bagages. Chacun ramasse à la hâte ses cliques et ses claques et se précipite hors des wagons. Le train français ne va pas plus loin. On nous pousse ensuite dans le train suisse, l'épée dans les reins, avec cette brutalité protestante qui sent... le contraire de la charité chrétienne.

— Mais je ne trouve plus mes compagnons de compartiment !

— Tant pis, montez toujours !

Et l'on nous bourre dans le train comme un troupeau ahuri. On sent que tous ces gens ont hâte de vous voir débarrasser le pavé. Pour eux, vous êtes toujours des papistes que la cité de Calvin tolère un instant, mais pas plus. Ce souffle de Calvin semble encore figé sur toutes les figures, et même dans ces monuments froids qui donnent à Bâle quelque chose de hautain et de glacial. On y passe sans être tenté de s'arrêter, même une nuit. Pour nous, c'est un sentiment instinctif plus que raisonné peut-être ; mais nous disons volontiers, en postichant Martial :

Non amo te, Basilea, nec possum dicere quare ;
Hoc tantum possum dicere : non amo te.

Nous avions eu juste le temps d'échanger au buffet un ticket de l'agence Lubin contre un sachet de papier et une demi bouteille de vin. Une fois installés dans notre nouveau train, chacun se met en devoir d'ouvrir son paquet et d'en tirer qui, une aile de poulet, qui, un morceau de filet ou autre.

Aux billets de pèlerinage étaient annexés pour chaque jour trois bons de vivres à prendre à des buffets spécifiés sur notre parcours. Du reste, à l'aller comme au retour, le menu différait peu : un sandwich tout sec pour le petit déjeuner du matin, de la viande froide (poulet, veau, bœuf, etc.), à midi et le soir, avec un brin de gruyère et un fruit généralement. Pour ces deux repas, une demi-bouteille s'ajoutait au sachet ; elle prenait des proportions plus ou moins microscopiques, mais contenait toujours un vin, sur la qualité duquel nous n'avons que des éloges à adresser à l'agence Lubin.

Le train va doucement, sans doute pour nous faire croire que la Suisse est un grand pays, et qu'il faut plus d'un jour pour la traverser. Chacun a son amour-propre, et nous pardonnons d'autant plus volontiers celui-ci aux Suisses, que cela nous permet de mieux voir cette riche contrée, verte et ondulée, semée de chalets, de métairies, de bosquets et d'arbres fruitiers qui nous rappellent nos grandes vallées de la Moselle et de la Moselotte. Mais comme nous en jouirions mieux encore si nous étions plus à notre aise ?

Et puis ce n'est pas tout : non seulement nous sommes entassés, mais dépaysés aussi : il faut faire connaissance avec ses nouveaux voisins, et tous ne s'y résignent pas ; plusieurs entreprennent un voyage d'exploration dans les wagons pour découvrir une place plus confortable ou un voisinage plus sympathique. Pendant plus d'une heure, les couloirs des wagons sont encombrés par ces transbordements. Voici, par exemple, un M. L... qui déménage pour la troisième fois, et nous sommes encore loin de minuit !

Pour faire diversion, on attire notre attention sur le paysage.

— La neige ! la neige !

Et chacun de se pencher à la portière. Jamais la neige ne plait autant qu'en été, vue de loin, les pieds bien au chaud. Alors elle fait une sensation délicieuse, surtout le soir, quand le soleil lui envoie ses derniers rayons.

Mais, la nuit tombe vite là-bas, et avec elle tombe peu à peu la conversation. Le 3e chapelet récité, les prières du soir dites, on se recueille et l'on s'installe pour dormir. Auparavant, on pense à ceux que l'on a laissés là-bas, à la maison : que font-ils maintenant. Sans doute qu'ils prient pour nous. Alors la pensée sent des ailes lui pousser, les ailes de la prière. Sans doute pour l'aider dans ce travail d'abstraction et d'isolement, la lampe du wagon s'est éteinte. Comme on dormirait si l'on était moins entassés dans nos compartiments !

— Lucerne !

— La plus petite lumière (lucerna) serait mieux accueillie maintenant que la grande cité : car décidément le sommeil ne viendra point.

Pas l'ombre d'un clair de lune pour nous faire au moins entrevoir cette fameuse vallée de la Reuss que nous cotoyons des heures entières. Le bruissement des eaux cascadant sur les cailloux dans son lit de granit, finit par endormir une partie des pèlerins et agacer les autres, qui garderont de la traversée au Saint-Gothard un souvenir assez désagréable fait de fumée àcre et de bruit sourd.

Pour moi, je me représente déjà les questions qui vont m'accueillir à mon retour :

— Vous avez passé par le Saint-Gothard.

— Eh ! oui.

— C'est grandiose que ce spectacle avec ces ponts hardis jetés sur des abimes et ces souterrains titanesques, n'est-ce pas ?

— On le dit...

C'est le triomphe de l'homme. Debout sur la noire machine qui nous emporte à travers ces tunnels et ces ravins, l'homme est bien l'image de l'ange orgueilleux s'écriant : *Quo non ascendam ?* qui pourrait faire obstacle à ma marche en avant !

Il se croit grand ; quelques pas plus loin, il se sentira plus petit. Nous sortons des Alpes au lever de l'aurore, nous dominons le lac de Lugano si profondément encaissé, des montagnes au puissant relief lui font un cadre gigantesque où l'homme est si petit, si petit !

Pendant que nous faisons ces réflexions, la vapeur nous a emporté audacieusement sur le lac dont nous traversons l'extrémité sur un pont monumental pour rentrer dans la montagne.

Une petite église profile sa flèche sur la colline : aux joyeux carillons qu'elle égrène dans la vallée, deux longues files de paysans endimanchés descendent, le chapelet à la main, un petit chemin bordé de buissons en fleurs, précédant un vénérable capucin à barbe blanche : c'est la procession des Rogations à 4 h. 1｜2 du matin. Nous nous découvrons pieusement et la prière jaillit de notre cœur.

Gràce à Dieu, l'homme n'a pas attendu l'invention de la vapeur pour tenir une place dans la création, et le prêtre en tête d'une procession de pauvres paysans n'est pas moins grand que l'ingénieur en tête d'une procession de wagons !

Chiasso, changement de décor : la douane et les wagons italiens nous attendent : double scie ; mais il n'y a pas de rose sans épines.

Féerique, l'entrée en Italie ! Au sortir d'un long tunnel, on se trouve, comme le spectateur au lever du rideau, empoigné par la mise en scène. Au premier plan, le lac de Còme à nos pieds, tout autour des villas semées dans les citronniers et les orangers, s'étagent par milliers sur tous les contreforts des Alpes, lui formant un cadre en amphithéâtre vraiment digne de lui. Au fond de la vallée, la ville avec ses dômes et ses palais se mire dans les eaux du lac.

Benedicite montes et colles Domino ;
Benedicite maria et flumina Domino.

Pendant que nous récitons le bréviaire, on descend bon train. Voici les plaines de la Lombardie, dont les rizières forment un immense échiquier, où les carrés d'eau alternent avec les carrés de semailles et de plantations. Rien de plus prosaïque aujourd'hui, et pourtant c'est sur cet échiquier que Bonaparte joua jadis ces parties dont l'empire du monde était l'enjeu.

Simple halte à Milan : nous la visiterons au retour. Nous y faisons une petite promenade, qui nous suffit pour constater les sympathies de la population pour la France. La chose est assez rare au-delà des Alpes pour mériter une mention.

Milan n'est pas la seule ville qui nous doive son indépendance, mais c'est la seule qui s'en souvienne. Faut-il en conclure que ce soit la seule qui méritât le sang français versé à flots sur les champs de Solférino et de Magenta ?..

A partir de Novi, nous longeons les Apennins, qui hérissent le dos de l'Italie dans toute sa longueur, comme une arête le dos d'une tanche. Le paysage est des plus mouvementé, mais notre curiosité commence à être repue.

Nous arrivons à Gênes avec plus de cinq quarts d'heure de retard. Les voitures de l'agence Lubin nous attendent pour nous transporter, à travers des rues étroites bordées de palais, dans les différents hôtels. On fait honneur au déjeûner qui nous attend depuis si longtemps.

Hâtons-nous ! Après le déjeûner les voitures nous reprennent pour un tour de ville.... ou plutôt hors de ville. Après avoir longé le port, pour nous faire jouir du coup d'œil, nous montons au sud jusqu'à un point assez culminant, d'où l'on découvre Gênes et ses environs. L'excursion se termine naturellement par une visite au *Campo Santo* (cimetière).

Dans les villes, c'est un musée que le *Campo Santo*. Tout le terrain réservé aux concessions à perpétuité est abrité par des galeries avec colonnades, qui courent tout le long des murs du cimetière, formant une sorte de cloître voûté, la promenade favorite d'une grande partie de la population : car elle finit par être bordée d'une double rangée de monuments en marbre, dont beaucoup sont des chefs-d'œuvre, ayant coûté 150,000, 180,000 francs et plus.

Celui de Gênes passe à bon droit pour le plus riche de toute l'Italie : on y trouve des groupes touchants, des allégories ingénieuses, des portraits parlants ; tous les morts y sont représentés au naturel. Certes, il y a là des statues merveilleuses de finesse, de grâce, de rendu : le marbre de Carrare est si pur ! il se plie avec une souplesse étonnante à toutes les fantaisies de l'artiste. Eh ! bien, tout en m'inclinant devant le savoir-faire des sculpteurs, tout en applaudissant même à leurs tours de force, je crois que le joli y prend souvent la place du beau, et qu'il y a plus d'art dans le détail que de génie dans la composition. Il aurait fallu un jour pour visiter toutes ces merveilles, et nous n'avions qu'une heure ! Nous ne pouvions en prendre qu'une idée d'ensemble ; or, l'idée qui se dégage d'une inspection sommaire, c'est un regret de voir que la mort soit pour un peuple une dernière occasion de *poser*. Il faut donc que l'Italien se drape jusque dans son dernier linceul !

Pendant que nous faisons ces réflexions, les voitures nous ont ramené à l'hôtel. Station à l'Annonciation, riche église du XVIᵉ siècle. Puis nous louons un canot à l'heure, histoire de faire le tour du port, jouir du soleil couchant sur la ville déployée en éventail autour du golfe, et saisir l'occasion au passage.

Chose singulière, l'occasion se présente sous la forme d'un grand cuirassé à l'ancre, et nous avons la bonne fortune d'être admis à en faire une inspection à vol d'oiseau. Allons, le bon Dieu n'a pas voulu laisser finir le jour sans nous dédommager du sacrifice que nous lui avons fait généreusement de la vue du Saint-Gothard.

Cinq heures et demie : à la cathédrale c'est l'heure fixée pour le Salut solennel qui doit clôturer cette belle journée. Ne l'oublions point : par l'ordre du cardinal vicaire, dans toutes les églises de Rome, on a commencé, dès la veille, un triduum de jeûnes et de prières, pour implorer les lumières de l'Esprit-Saint, et aider le Pape dans sa préparation au grand acte de la canonisation. Nous ne devons pas être les derniers à nous y associer.

Nous trouvons bien la cathédrale à sa place, mais personne pour nous recevoir. Le Prélat, chargé par le vénérable archevêque de Gênes de remplir cet office, n'avait pas eu le temps de revenir d'une campagne voisine où il était en villégiature (1). Nous nous contentons de vénérer les reliques de Saint Jean-Baptiste et à 6 h. nous étions de retour à l'hôtel pour le dîner.

----

(1) Nous sommes obligés de dire cependant que M. le curé de Mattaincourt l'avait prévenu de l'heure de notre passage dix jours avant le départ du pèlerinage.

Avant 7 heures nous sommes déjà en route pour la gare en nous disant : — Cette fois, l'on ne s'arrête plus avant Rome !

Adieu, Gênes ! Je ne regrette point les quelques heures passées dans tes murs : tu es vraiment la *Superbe*, mais tu as un grand tort, c'est d'être sur le chemin de Rome : le touriste te le pardonnerait peut-être, le pèlerin, non. Après une nuit passée en vagon, on se repose ici comme le voyageur fatigué sous le palmier de l'oasis ; mais la halte faite, il se relève vivement, poussé par une voix qui lui crie :

— Allons, en route, tu n'es pas au but !

Sur le quai, nous trouvons Monseigneur Foucault, chargé de fleurs, et entouré comme toujours, sachant se prodiguer à propos, sans monnoyer ses faveurs. Rare secret.

Nous quittons Gênes, non la mer que nous allons cotoyer et qui nous attire invinciblement aux portières ; mais les tunnels viennent sans cesse faire écran. Grâce à eux, la mer se met à jouer à cache-cache avec nous. Bientôt l'on s'agace à ce jeu, et l'on se racoquillerait dans son coin, si un autre ne lui succédait pas immédiatement, avec d'autant plus de succès que, n'étant pas dans le programme, il a le mérite et la saveur d'une surprise.

Dans les pays chauds, le soir tombe sans crier gare, et l'on est passé sans transition du jour à la nuit. Est-ce pour suppléer le crépuscule que Dieu a créé ces milliers, que dis-je, ces millions de vers luisants, qui scintillent comme des émeraudes sur la mousse des bosquets d'orangers, de citronniers, de muriers, de figuiers, etc., semés sur notre route ? L'on se demande si les étoiles sont tombées du ciel ; mais non, pas une ne manque là-haut. Alors l'œil revient à la terre.

C'est l'heure de la prière : nous nous disons que ces petits vers de terre sont peut-être l'image d'autres petits vers de terre, de ces humbles créatures, bonnes femmes et petits enfants, qui, agenouillés dans leurs chaumières, égrènent le rosaire dans l'ombre du foyer, luisant aux yeux de Dieu par milliers, comme ces petits insectes sous la mousse des champs, loin du gaz des villes. Et quand nous disons *peut-être* nous avons tort : d'après l'Esprit Saint c'est plus qu'une gracieuse comparaison, c'est une vérité : *Fulgebunt justi, et tanquam scintillæ in arundineto discurrent.*

Sur les ailes de la prière, notre pensée est montée plus haut ; nous tirons notre chapelet pour nous unir aux âmes simples dont le murmure suppliant console Dieu, le soir, des blasphèmes du jour.

Fais-toi ver de terre, ô mon âme ; mais de ceux qui se transforment à l'heure de la prière, par l'humilité, la foi, la charité, l'amour de Dieu, et luisent sous l'herbe.

Comme l'oiseau qui s'endort la tête sous l'aile, nous nous laissons gagner par le sommeil, lorsqu'un brusque arrêt produit un heurt, et l'amarre qui retient notre wagon est faussée. Il faut le remiser et en prendre un autre. Grâce à Dieu, cette fois encore, on a vu à temps ; pas d'accident, un simple retard, mais c'est beaucoup sur le chemin de Rome !

Nous traversons Pise au milieu de la nuit. La vieille cité repose tranquillement sans se douter que le lendemain elle sera en deuil, que dans une fête religieuse un cierge mettra le feu aux tentures de la cathédrale, et que la panique fera bien des victimes.

En vain notre œil cherche à percer l'obscurité, pour découvrir au moins la silhouette de la fameuse tour penchée. Nous ne voyons de penché que les têtes des dormeurs dans le wagon, dont plusieurs sont des prodiges d'équilibre moins célèbres que celui de la tour peut-être, mais tout aussi remarquables. Nous ne tarderons pas à en augmenter le nombre.....

À notre réveil nous voyons la mer à l'horizon. Elle va devenir notre compagne jusqu'à Civitta-Vecchia. La grande charmeuse s'empare de tous et de chacun : on ne se lasse pas de laisser rêver son œil demi-clos sur cette plaine bleue, tantôt vaporeuse sous les brumes du matin, tantôt écumante sur les rochers qui l'enserrent.

A Civitta, nous avons une heure d'arrêt, et beaucoup en profitent pour prendre un bain de pied dans l'onde salée. Un instant on se croirait à une station balnéaire : le coup d'œil est pittoresque, la plage animée et fort gaie.

A partir de Civitta-Vecchia, nous entrons dans un pays assez pauvre, et à mesure que nous approchons de la Ville Sainte, la campagne se transforme en terrains vagues, pâturages, guérets, que les fleurs sauvages émaillent d'un riche décor ; mais les habitations s'y font rares.

Si jamais je bâtis des châteaux en Espagne, je les établirai à une distance respectueuse de la campagne romaine ; réservant celle-ci tout simplement pour y établir des ruchers. Les abeilles doivent rapporter au milieu de toutes ces fleurs. Comment n'y en a-t-il pas un seul ?

A ROME

L'entrée n'est pas solennelle. Les capitales modernes sont entourées d'une double ceinture de villas et de cités suburbaines, gravitant dans leurs orbites ; leur traversée donne déjà un avant-goût des merveilles qui attendent le voyageur. Ici, rien de semblable : un vieil aqueduc en ruine, quelques anciennes fortifications, des vignes et des figuiers, puis, sans crier gare, le train stoppe, vous êtes à Rome à onze heures.

Des voitures nous transportent rapidement à nos hôtels. A 1 heure, le déjeuner a pris fin, et l'on commence avidement la visite de la ville.

Elle est en fête, car saint Philippe de Néri est un jour chômé là-bas. Sur les portes des 300 églises de Rome, nous lisons l'*invito sacro* suivant, placardé par ordre de S. Em. le cardinal Parocchi :

« Pour la troisième fois, exemple rare dans l'histoire, le
« Souverain Pontife va accorder, à deux Bienheureux, les
« honneurs suprêmes des autels. Expression du magistère
« apostolique, le décret de canonisation, préparé par de
« longues études et d'infatigables discussions, doit être
« mûri par le jeûne et la prière. Que les dons surnaturels,
« qui réjouissent et réconfortent l'Eglise sur cette terre,
« soient obtenus par les mérites des fidèles.

« Nous vous invitons donc, très chers frères, à accomplir
« les œuvres méritoires qui doivent précéder le grand
« décret, suivant en cela l'usage de l'Eglise et les ordres
« de son pasteur. Nous vous recommandons cette pratique
« généreuse. avec d'autant plus de soin que par la canoni-
« sation, l'Eglise militante obtiendra de nouveaux protec-
« teurs pour la défendre, et de nouveaux modèles pour lui
« enseigner la perfection.

« Le fondateur de la Congrégation de Saint-Paul, le
« Bienheureux Antoine-Marie Zaccaria, a accompli de
« grandes choses en un petit nombre d'années. L'inno-

« cence unie à la pénitence la plus rigide, la contempla-
« tion unie à l'action, l'esprit d'ascétisme dans la solitude
« uni à l'apostolat le plus intrépide, ont prédisposé ce
« Bienheureux à la fondation des Barnabites et des Angé-
« liques, et des vertus insignes unies à d'autres œuvres
« hautement méritoires, ont obtenu pour ce Père une
« place illustre parmi les fondateurs d'ordres religieux.

« Le B. Pierre Fourier, modèle des curés, réformateur
« d'une des nombreuses familles religieuses qui se vantent
« de la paternité de S. Augustin, fondateur d'une élite de
« religieuses qui se consacrent à l'instruction du peuple
« et à l'éducation des patriciennes, a préludé aux institu-
« tions célèbres du Bienheureux de La Salle et de S. Joseph
« Calasanz, digne de l'admiration de S. François de Sales
« et de l'amitié de ses plus grands contemporains qui ont
« illustré la France par la sainteté de leur vie, par la
« fécondité de leurs entreprises ; son zèle, sa doctrine et
« ses vertus, sont restés comme un monument impérissable
« pour le salut de la patrie et la consolation de l'Eglise,
« et, à la fin de ce siècle qui va disparaitre, il apparaît
« couronné de l'auréole des saints, reproche pour les uns,
« espérance pour les autres.

« Cherchons donc à nous assurer les effets salutaires de
« la prochaine canonisation, en nous préparant avec fer-
« veur à la fête du 27 courant ».   .

Suit le dispositif prescrivant un jour de jeûne (le 24 juin)
et des prières publiques dans les églises et chapelles.

Pour compléter ces dispositions, on organisa, à partir
du même jour, de solennelles séances académiques en
l'honneur des nouveaux Saints.

A 3 heures, nous sommes à Saint-Louis-des-Français
où l'on nous a donné rendez-vous, afin de recevoir nos
cartes d'entrée en vue de la cérémonie du lendemain. Personne n'y manque... que les billets.

Quand M. l'abbé Chapelier, vicaire général honoraire
de Saint-Dié, curé de Neufchâteau, est arrivé à Rome
quatre jours avant le pèlerinage, la distribution des billets
de tribune était à peu près terminée ; il dut encore faire un
siège en règle pour obtenir quelques reliefs échappés par
miracle à la curée. C'est à la pointe de l'épée, pour ainsi
dire, qu'il enlève d'abord 200 billets de faveur, puis 200
autres pour nos pèlerins. (1)

(1) Pas plus tard que ce matin, écrit de Rome un personnage, en
réponse à une lettre de M. le curé de Mattaincourt, j'ai entretenu Mgr
Pericoli (qui est insaisissable !) des pèlerins lorrains, et de l'obliga-
tion de les mettre en bonne place pour la cérémonie du 27. Il m'a
affirmé qu'il pense à eux, et qu'une PLACE AVEC DES BANCS LEUR EST
RÉSERVÉE ; mais je ne perdrai pas la chose de vue, vous pouvez en
être assuré, maintenant surtout que vous me chargez de le faire.
(13 mai).

Bref, les Romains eux-mêmes, favorisés à nos dépens, ne purent s'empêcher de protester « contre la façon indé-« cente et scandaleuse dont on a procédé dans cette dis-« tribution. L'exploitation s'est faite sur une échelle et « dans des proportions inconnues jusqu'ici, lisons-nous « dans un journal de Rome. Tandis que de grands établis-« sements religieux en étaient dépourvus ou à peu près, « les portiers d'hôtel en avaient leurs poches bourrées.

« La *Voce della Verità*, continue l'*Italie*, essaie, hier « matin, de défendre Mgr Pericoli, en disant que ce der-« nier ne pouvait instituer une enquête sur la moralité des « personnes auxquelles il remettait les billets. L'excuse « est pitoyable, car nous connaissons nombre de person-« nes très connues à Rome et très respectables, qui ont « sollicité respectueusement des billets et auxquelles on « n'a pas même daigné répondre (1).

« ..... Nous n'accusons personne, car il serait difficile « d'établir un partage exact des responsabilités. Ce que nous « nous croyons en droit d'affirmer, c'est que, à l'occasion « de la distribution de ces billets, il s'est passé des faits « scandaleux sur lesquels on devrait attirer l'attention de « qui de droit.

« Dans le monde des pèlerins français notamment, peu « initiés aux dessous de la vie romaine, l'indignation était « générale. » (L'*Italie*, n° du 31 mai.)

Tous les établissements français de Rome furent parta-gés dans cette distribution à peu près comme notre éta-blissement national de Saint-Louis.

Une partie des pèlerins se virent réduits à acheter des billets de tribune aux revendeurs qui venaient les offrir à la porte des hôtels ; les autres se contentèrent d'un sim-ple billet d'entrée pour la nef. Plusieurs préférèrent n'y point aller du tout, plutôt que d'être noyés dans la foule. On avait en effet distribué plus de 30,000 billets de nef et 10,000 de tribunes.

---

(1) Et nous en connaissons beaucoup d'autres auxquelles on a ré-pondu : — « Adressez-vous à M. le Supérieur de Saint-Louis-des-Français, je lui ai remis 1.500 billets pour vos compatriotes. » Et l'on venait trouver Mgr d'Armaillac, qui répondait : — « On m'en a remis deux, l'un pour moi, l'autre pour l'un des directeurs de la maison. » Le Vénérable Supérieur de Saint-Louis dut protester contre ce « mauvais tour ». (Voir la *Vérité* du 2 juin.)
On avait distribué 5,000 billets de faveur dans les ministères italiens. On voulait évidemment faire de la conciliation avec la gent gouvernementale, comme le prouve l'article de l'ITALIE cité. Voilà sans doute comment on n'en avait plus pour nous : il paraît qu'on n'en avait pas davantage pour notre ambassade car M. Poubelle en reçut une vingtaine (quand les autres ambassades en avaient des centaines). On dit que M. Poubelle les retourna, exigeant ce auquel avait droit le représentant de la France.

Ils avaient tort : la plupart des billets de tribune valaient encore moins que les billets simples, et beaucoup quittèrent ces tribunes pour redescendre avec la foule qui remplissait la nef. (1)

A Saint-Pierre

Le lendemain l'on s'éveille de bon matin : il fait un temps superbe. Dès 7 heures, l'immense esplanade qui occupe le peristyle de Saint-Pierre se remplit de pèlerins et de curieux : un cordon de soldats italiens arrête cette mer humaine au pied du grand escalier qui monte à la porte de bronze. Il faut montrer un billet pour aller plus loin : les billets gris sont dirigés vers l'entrée principale qui donne accès à la nef ; les billets blancs prennent file sous la colonnade pour tourner la Basilique et entrer par les sacristies du côté des tribunes.

On n'entre pas dans ces sacristies, on y est porté par le flot houleux des pèlerins affairés qui se pressent. La poussée est si forte que le cordon des soldats est souvent débordé.

C'est un immense murmure de plaintes, de commandements, d'impatiences, au milieu desquels les commissaires et les gardes ont bien du mal de faire entendre leur refrain :

— *Billietti al'mano* ! Les billets à la main ! les billets à la main !

Enfin les derniers postes sont franchis, nous sommes dans la basilique. On nous indique la tribune 49, dans le transept de gauche (2), formée des trois derniers gradins comme la tribune 48 est formée des trois gradins précédents. De là nous avons une vue sur tous les gradins des tribunes qui nous font face, et c'est tout.

D'abord nous avons pour nous intéresser le spectacle des allumeurs de cierges : il y en a des centaines, dont beaucoup sont suspendus à 30 ou 40 mètres de hauteur par des cordes dont les extrémités sont tenues par des ouvriers placés dans les galeries supérieures. On les promè-

---

(1) Les deux transepts, formant pour ainsi dire deux vaisseaux distincts, avaient été complètement transformés en tribunes, dont les premiers gradins seuls avaient vue sur la nef et le chœur, les autres, c'est-à-dire 6.000 à 7.000 places ne voyaient que l'autel, et ne pouvaient suivre, de toutes les cérémonies, que celle de la messe, étant isolés de tout le reste.

(2) Un simple coup d'œil jeté sur votre carte suffit aux commissaires pour vous assigner votre place ; car cette carte porte d'un côté, outre le sceau de l'administration pontificale, le n° de la tribune qui vous est ouverte, au revers le plan intérieur de la basilique, avec la situation de toutes les tribunes et leurs numéros.

ne ainsi autour de ces énormes lampadaires, de 32 mètres de diamètre (et 40 de hauteur), assemblages de 45 grands lustres à 10 bougies chacun. Puis nous disons notre bréviaire pour passer le temps. Peu à peu les gradins supérieurs se dépeuplent; chacun cherche fortune ailleurs.

Nous sommes isolés du chœur par la tribune diplomatique, sous laquelle se trouve une autre tribune admirablement placée. C'est autour de celle-ci que nous allons rôder. Enfin, un camérier de cape et d'épée se laisse toucher et nous y donne accès en notre qualité de *reporter* du *Bulletin*. Là nous sommes aux premières loges, à vingt-cinq pas du souverain Pontife et à quatre ou cinq des évêques et cardinaux.

En attendant que le drame de la canonisation commence, jetons un coup d'œil sur la décoration de l'église à laquelle on travaille activement depuis plus d'un mois, sur les plans du commandeur Buvisi, architecte du chapitre de Saint-Pierre.

La Basilique est noyée dans la pénombre, les hautes fenêtres de la coupole ne laissent passer aujourd'hui, à travers les rideaux mordorés qui les couvrent, qu'un demi-jour obscur peuplé de flambeaux et de cierges, disposés savamment pour mettre en relief toutes les lignes architectoniques. Cette ombre claire, en noyant les détails dans un vaporeux plus ou moins transparent, fait admirablement ressortir les grands traits du vaisseau ; nous lui en savons gré, car nous n'avons pas le temps d'étudier la basilique en détail, et le coup d'œil d'ensemble y gagne; c'est tout ce que nous lui demandions.

Plaçons-nous en face du baldaquin et de l'autel de la Confession qu'il surmonte, et nous verrons la Basilique partagée en quatre parties bien distinctes : devant nous le chœur ou abside que les tribunes latérales isolent pour en faire une sorte de *presbyterium* (1) ; par derrière, la nef ; à droite et à gauche les deux transepts, convertis en tribunes par des gradins en amphithéâtre. Les quatre piliers centraux, sur lesquels repose la célèbre coupole (ce dôme si hardi jeté à une hauteur de 117 mètres sur l'autel et son baldaquin), sont masqués par des tribunes réservées aux privilégiés : nous y en voyons bien peu des nôtres !

Tous les yeux convergent vers le chœur : c'est là, en effet, que se passera la principale scène du drame de la canonisation, puisque c'est là que s'en tiendront tous les acteurs. Nos lecteurs seront donc heureux d'en avoir une description plus minutieuse.

---

(1) Chœur réservé au clergé.

Les tombeaux d'Urbain VIII et de Paul III, qui en occupent le fond, sont masqués par une immense draperie devant laquelle s'élève le trône pontifical, placé sous la chaire de St-Pierre, mais sur une double estrade, de manière à pouvoir être vu de toute l'assistance, même du fond de la nef (excepté des deux transepts).

« Le Trône, dit l'*Univers*, flanqué de colonnes dorées qui portent sur le tympan les statues de Saint Pierre et de Saint Paul, a la forme d'une niche de grandes et majestueuses proportions, comme il convient au docteur suprême de l'Eglise, qui viendra y siéger pour promulguer la bulle de Canonisation. Les panneaux du trône sont en velours frappé, à rosaces rouges sur fond blanc, avec grand baldaquin en soie cramoisie, à franges d'or.» Et sur le fronton du portique surmontant les deux colonnes, entre lesquelles est placé le trône, on a écrit en grandes lettres d'or : *Gloriâ et honori caronasti cos.* Vous les avez ceints de gloire et d'honneur.

De qui parle-t-on ? De ceux dont le portrait sert de couronnement au portique, mais il est encore voilé. Attendez que sonne l'heure solennelle de la Canonisation, le voile tombera, et vous verrez un tableau splendide, l'apothéose des deux nouveaux saints. L'artiste (Nobili Salvatore) y représente nos deux Bienheureux, la figure transfigurée, la tête nimbée, entourée d'anges, dans l'extase en face de la gloire éternelle, prenant leur vol. Les rayons d'or qui entourent le tableau en font une sorte d'ostensoir gigantesque, dont l'effet saisissant est encore doublé par une triple couronne de lustres, sous lesquels ils scintillent de mille feux.

Tout d'abord on est tenté d'acclamer, mais bientôt on s'arrête : est-ce bien notre Bon Père qu'ils canonisent ? Hélas, nous avons bien de la peine à le reconnaitre sous le surplis dont il est affublé.

En avant, mais à distance respectueuse, entre le trône papal et l'autel, huit longues stalles (simples bancs improvisés avec dossiers, sur lesquels on a jeté des draperies en soie), sont préparées, quatre d'un côté, quatre leur faisant face, les deux premières pour les cardinaux, les six autres pour les primats, archevêques et évêques.

A droite du trône pontifical, une Tribune reste vide, c'est celle de la famille royale, à gauche, celle de l'Ordre de Malte est au complet.

En avant, c'est-à-dire derrière les stalles des évêques, s'élèvent également huit tribunes, ou, pour parler plus exactement, deux tribunes à deux étages et double compartiment. A droite, les deux compartiments de l'étage supérieur sont occupés par le corps diplomatique, les deux inférieurs par la haute noblesse romaine dont la plupart y

ont des places héréditaires. A gauche les deux compartiments de l'étage supérieur sont occupés, le premier par le
comte Pecci et sa famille, le second par le patriciat romain ;
les deux compartiments inférieurs réservés aux parents des
deux nouveaux saints et aux postulateurs de leurs causes.

Maintenant, retournons-nous pour jouir du coup d'œil
de la nef. « Du pourtour de la grande coupole, descendent
sur l'arc du *Presbyterium* et sur ceux des nefs latérales du
transept, de riches draperies recharpées d'or, drapées en
guise d'immenses pavillons à l'impériale, ayant comme
pendentifs aux piliers de la coupole, et précisément devant
les balcons désignés sous le nom de *Loges des Reliques*,
les bannières qui représentent les miracles obtenus par
l'intercession des nouveaux saints, et motivant leur canonisation. Ces bannières qui ne mesurent pas moins de dix
mètres de longueur, et richement encadrées de faisceaux
peints à l'imitation du bronze doré, portent chacune une
inscription rappelant le miracle représenté » (1).

Comme le postulateur de la cause du B. Zaccaria pro-
duisit trois miracles, et celui du B. P. Fourier deux, il y a
cinq de ces tableaux, quatre suspendus aux piliers qui
soutiennent la coupole, et le cinquième à l'entrée de la nef,
au-dessus de la porte d'entrée : ils sont l'œuvre de Grillotti,
Galimberti, Cisterna et Monti, quatre peintres bien connus
du monde artistique.

Ces glorieux trophées de la canonisation sont complétés,
dans les entre-colonnements, par des tablettes avec ins-
criptions ou des représentations picturales qui rappellent
les vertus et les principaux traits de la vie des nouveaux
saints. Ces vertus sont aussi illustrées sur deux riches
étendards qui seront portés à la procession par laquelle va
s'ouvrir la cérémonie.

« La décoration des nefs du transept, continue l'*Univers*,
se poursuit tout le long de la grande nef, dont chaque
arceau est aussi orné de draperies, disposées cependant de
manière à laisser intactes les lignes architecturales de la basilique, comme on a eu soin déjà de le faire pour les grands
panneaux de damas rouge qui ornent les colonnes, en
laissant à découvert les chapiteaux et les bases, ou pour la
tenture qui se déroule le long de l'architrave, et sur laquelle
se détache en saillie le rebord de la corniche. Il a fallu
pour cette décoration 8.000 mètres de draperies de soie et
de damas, sans compter les galons et les franges à profusion, le tout harmonisé dans les trois couleurs dominantes,
rouge, blanc et or.

« Le luminaire n'est pas moins riche. Il a son plus beau

---

(1) L'*Univers*.

foyer dans la croix formée par le transept, où un triple rang de lustres entoure comme d'une auréole céleste, au fond du *presbyterium*, le grand tableau transparent de l'apothéose des Saints, surmonté de l'auguste Trinité, et se répète également sur une triple rangée le long du pourtour de la coupole, qui resplendit ainsi à l'instar d'une immense tiare gemmée, entourée, comme de *flabelli* étincelants, de guirlandes de lustres se déroulant d'une part depuis le fond du *presbyterium* jusqu'au transept, et d'autre part, depuis l'autel de la confession jusqu'aux portes de la basilique. Les lustres en cristaux, ainsi disposés, sont au nombre de 850, à dix cierges chacun. Deux candélabres énormes dans le *presbyterium* (entre le trône papal et les stalles des évêques) et deux lampadaires dans les arceaux des nefs latérales du transept ajoutent leur milliers de feux à ces clartés superbes... Dix autres lampadaires, chacun avec 200 cierges, sont disposés sous chacune des arcades de la grande nef, où ils sont rejoints par les gerbes étincelantes des lustres en cristaux dessinant des deux côtés de la nef des festons de lumière. Enfin, tout le long de la frise, sur l'interminable corniche qui aboutit à la coupole, des milliers et des milliers de cierges, disposés comme autant de corolles de fleurs sur des tiges à dégradation, achèvent de figurer les clartés du paradis. On aura l'idée de cet incomparable luminaire par le chiffre total de cinq quintaux de cire, soit environ 30,000 cierges que l'on y a destinés »(1).

La Procession

Le temps passe vite à contempler ces splendeurs : il est 8 heures quand la procession débouche. Elle commence à la chapelle Sixtine où le Saint-Père est descendu d'abord et entonné l'*Ave Maris Stella*.

En tête s'avancent, sous leurs bannières respectives, les religieux des ordres mendiants, Frères de la Pénitence, Augustins déchaussés, Mineurs capucins, Mercédaires, Hiéronymites, Minimes, Tiers-Ordre de Saint François, Mineurs conventuels, Mineurs réformés, Ermites Augustins, Carmes déchaussés, Servites de Marie, Dominicains ; puis les ordres monastiques, Olivétains, Cisterciens, Bénédictins de Vallombreuse, Camaldules, Bénédictins du Mont Cassin ; à leur suite marchent les Chanoines Réguliers de Latran ; ensuite le clergé régulier (tous les curés

---

(1) Tant de lumières avaient un double danger, incommoder les assistants et multiplier les chances d'incendies : mais tout est prévu, quatre pompes, avec leur personnel de pompiers, sont dissimulées derrière des paravants aux extrémités de l'édifice : une tente abrite une infirmerie provisoire avec lits et Sœurs infirmières : on a de même installé des water-closets derrière des paravants et même une manière de buvette près de la tribune diplomatique.

des paroisses de Rome) précédés des élèves du séminaire romain, et suivis des dignitaires des neuf collégiales et chapitres des dix basiliques de Rome. Voici les membres de la S. Congrégation des Rites, les consulteurs appartenant aux ordres religieux et au clergé séculier, les prélats, les procureurs et les avocats des causes. Ils précèdent immédiatement le groupe des étendards des nouveaux Saints, portés avec beaucoup d'apparat et de solennité.

Vient après, précédée de deux gardes suisses, et guidée par un maître des cérémonies, la chapelle pontificale : clercs secrets, chapelains, camériers d'honneur, camériers de cape et d'épée laïques, camériers secrets ecclésiastiques, procureurs de collège, massiers, avocats consistoriaux, camériers participants, chantres pontificaux, etc. ; enfin tout le personnel des divers collèges de la prélature, référendaires de la signature, abréviateurs du parc Majeur, votants de la signature, clercs de la Chambre apostolique, auditeurs de Rote avec le Maître du Sacré-Palais, le dernier auditeur de la Rote en tunicelle, portant la croix papale, le Prélat doyen de la signature balançant l'encensoir, sept acolytes armés de cierges, deux maîtres *ostiarii* gardiens de la croix.

La procession se continue avec le clergé séculier portant les ornements blancs, le diacre et sous-diacre grecs avec les ornements de leur rite, les Pères pénitenciers du Vatican en chasuble damassée : des abbés *nullius* et des abbés généraux en chape damassée et la mitre de lin sur la tête.

Il y a près d'une heure que le défilé a commencé et voici seulement l'état-major : évêques, archevêques, patriarches du rite latin, portant la chappe lamée d'or et la mitre de lin ; ceux des rites orientaux avec les riches ornements qui les distinguent, bref, plus de 350 prélats disposés selon l'ordre de la préséance, qui s'avancent deux à deux, suivis des cardinaux également sur deux rangs.

Ensuite la cour pontificale, le Prince assistant au trône, le vice-camerlingue de la Sainte-Eglise, deux protonotaires, les deux cardinaux diacres assistants, le cardinal diacre officiant, les deux premiers maîtres des cérémonies.

Enfin, c'est *lui !*

Précédé des officiers de la garde noble, de la garde suisse, de la garde palatine, etc., porté sur la *sedia*, la mitre en tête, enveloppé dans les plis du manteau pontifical, la main gauche recouverte d'un voile de soie brodé d'or et portant un cierge allumé, la main droite bénissant, le Pape fait son apparition par une chapelle du côté gauche, les trompettes d'argent sonnent à la voûte, le cœur vous bat dans la poitrine. Il traverse ainsi une grande partie de la basilique lentement, majestueusement. L'émotion est au comble. On respecte la consigne ; il a dit : « Pas d'acclamations ! »

Les acclamations expirent sur nos lèvres frémissantes, mais les mouchoirs s'agitent, mais les mains se tendent, mais les larmes coulent, mais les yeux suivent avidement la vision qui s'éloigne, tourne à gauche de l'autel de la confession et débouche dans le *presbyterium* de l'abside entre les gardes nobles formant la haie et présentant les armes, traverse le chœur entre les rangs pressés des évêques, archevêques, cardinaux et vient prendre place sur son trône.

Le défilé a duré plus d'une heure et demie : la nef se vide insensiblement, les Romains et les habitués des solennités pontificales sont contents ; ils quittent en grand nombre la basilique. Certes le défilé est unique ; mais le reste n'est pas à dédaigner.

Pour nous, la vision du cortège a disparu depuis longtemps, que nous restons sous l'impression profonde qu'elle a laissée après elle : ce n'est pas seulement le mirage des costumes qui éblouit, ni la majesté de la manifestation qui vous écrase, non, c'est la grande figure de l'Eglise catholique qui vous est apparue. Je ne sais pas si les nombreux Anglais qui se pressent aux premiers rangs des tribunes ont pu échapper à cette sensation ; mais pour nous, en voyant défiler tous ces Ordres religieux, toute la prélature de la Cour romaine avec leurs titres si divers, et les innombrables fonctions qui se sont multipliées avec les siècles, puis les Evêques, Archevêques de l'Occident, primats d'Orient, même les Missionnaires, les prélats *Nullius* représentant les sièges épiscopaux disparus, nous nous sommes demandé quel était le sentiment qui se dégageait de cette accumulation de costumes, de rites, de fonctions, où tous les temps faisaient leur apport, où les cinq parties du monde avaient leurs représentants attitrés : il n'y avait pas à s'y méprendre, c'était la catholicité de l'Eglise Romaine qui passait sous nos yeux émerveillés : et nous comprenons que pour le peuple, le défilé soit la scène principale du drame qui se prépare. Mais passons au second acte.

La Canonisation

Le Pape vient de monter à son trône, il s'assied et les dignitaires ecclésiastiques restent debout dans leurs stalles, la mitre en tête, tenant toujours en main le cierge allumé comme à la procession.

Un maître des cérémonies vient chercher successivement les cardinaux, qui vont un à un s'agenouiller aux pieds du Souverain Pontife et lui baiser la main, pour renouveler leur serment de soumission, c'est ce qu'on appelle l'*Obédience*.

Régulièrement, patriarches, primats, évêques et archevêques devraient leur succéder et venir chacun à leur tour, baiser l'étole placée sur les genoux de Sa Sainteté, et les abbés *Nullius*, à leur suite, lui baiser le pied ; mais on les dispense pour cette fois afin d'abréger la cérémonie, ce qui nous fait une grande heure de gagnée.

Alors l'action s'engage. L'Em. cardinal Mazella, en sa double qualité de Préfet des Rites et de Procureur de la Canonisation, s'avance vers le trône pontifical, accompagné de l'avocat consistorial, qui dit en latin :

« Très-Saint-Père, le Révérendissime seigneur cardinal « Gaëtan-Aloïsi Mazella, ici présent, demande avec ins- « tance, que Votre Sainteté inscrive au catalogue des « Saints de N.-S. Jésus-Christ, et ordonne que soient vé- « nérés comme Saints par tous les fidèles du Christ, les « Bienheureux Antoine-Marie Zaccaria et Pierre Fourier. »

Comme toujours, le Pape, avant de parler comme chef de l'Eglise, a besoin d'implorer l'assistance d'en haut. Il se met à genoux et fait entonner les *Litanies des Saints*. Pendant qu'on les chante, il reste la tête dans ses mains, penché sur son prie-Dieu.

Il devient alors le point de mire de milliers de jumelles braquées toutes au même endroit. Une dame romaine nous offre la sienne ; mais si on a prodigué les lumières partout, ce n'est pas près du trône du Saint-Père. Il paraît que le médecin de Sa Sainteté l'a défendu formellement. Et il veille à l'exécution de ses prescriptions : le voilà bebout, près du grand candélabre, à cinq pas de la première marche, qui ne quittera pas des yeux son illustre client pendant toute la cérémonie.

Le chant des *Litanies* terminé, l'avocat répète *instantius* (d'une façon plus pressante encore) la formule de l'instance ; mais la canonisation des Saints étant l'une des fonctions les plus hautes du magistère suprême, il fait répondre par son prélat Secrétaire qu'on implore les secours du Saint-Esprit, source de sainteté et de lumière, d'où doit découler la détermination qu'on attend.

Les postulants retournent une seconde fois à leur place ; le Pape, sans déposer la mitre, s'agenouille comme la première fois sur le *faldistorium*, pendant que le premier des cardinaux-diacres se tournant vers les stalles des dignitaires ecclésiastiques dit : *Orate*. Les 400 évêques, archevêques et cardinaux déposent leurs mitres sur leurs sièges et s'agenouillent comme ils peuvent. Alors le Pape dépose aussi sa mitre et se met en prière, pendant qu'on chante le *Miserere*. Après quoi le second Cardinal-diacre assistant dit : *Levate !* Alors le pape se lève, et toute l'assistance l'imite : les deux évêques assistants s'approchent l'un tenant le cierge, l'autre le livre ouvert, sur lequel Sa Sainteté entonne d'une voix assez forte encore, le *Veni Creator*, qu'il écoute à genoux, dans une immobilité sculpturale. On sent que sa prière est ardente.

La dernière strophe chantée, il se relève vivement, récite l'*Oraison du Saint-Esprit*, pendant que deux votants de la signature tiennent les cierges d'acolytes.

Le Pape s'est rassi, les Postulants gravissent une troisième fois les premières marches du trône, et l'avocat répète une troisième fois, mais *instantissime* (d'une façon très pressante) la formule de l'instance.

C'est le moment solennel : le Prélat-Secrétaire répond que Sa Sainteté, sur l'assurance intime que la Canonisation, demandée avec tant d'instance, est chose agréable à Dieu, veut enfin prononcer la sentence définitive.

A ces mots toute l'assistance se lève, et le Pape, mitre en tête, assis sur sa chaise en qualité de docteur et de chef de l'Eglise universelle, prononce d'une voix entrecoupée mais assez haute pour être entendue de tout le chœur et des tribunes qui l'enserrent, la sentence solennelle.

Ad honorem Sanctæ Sedis et Individuæ Trinitatis, ad exaltationem fidei catholicæ et Christianæ Religionis augmentum, Auctoritate Domini Nostri Jesu Christi, Beatorum Apostolorum Petri et Pauli, ac Nostrâ maturâ deliberatione præhabitâ, et divinâ ope sæpius imploratâ, ac Venerabilium Fratrum Nostrorum Sanctæ Romanæ Ecclesiæ Cardinalium, Patriarcharum, Archiepiscoporum et Episcoporum in Urbi existentium Consilio (1), Beatos Antonium Mariam Zaccaria et Petrum Fourier, confessores, Sanctos esse decernimus et definimus, ac Sanctorum Catalogo adscribimus ; statuentes ab Ecclesiâ universali eorum memoriam quolibet anno, nempe Antonii Mariæ die quintâ Julii et Petri die nonâ decembris, inter Sanctos Confessores non Pontifices piâ devotione recoli debere. In nomine Patris et Filii et Spiritûs Sancti. Amen.

Ce grand acte accompli, Sa Sainteté se lève et entonne le *Te Deum* que les chantres continuent, pendant qu'il bénit l'assistance. Les trompettes d'argent sonnent, du haut de la coupole de Saint-Pierre, le triomphe des deux nouveaux Saints : les cloches de la Basilique annoncent la grande nouvelle, et toutes celles des églises de Rome y répondent par de joyeuses volées, invitant la ville entière à s'associer au *Te Deum* qui se chante.

---

(1) Quatre jours auparavant, le 20 juin, Léon XIII avait tenu un Consistoire semi-public, auquel avaient assisté 34 cardinaux et 232 archevêques et évêques.

La Messe

Le couronnement naturel de la cérémonie, c'est une messe d'actions de grâces. Aussitôt que, sur l'invitation du diacre assistant,

— *Orate pro nobis, Sancti Antoni Maria et Petre*, le pape a répondu par la récitation de l'*oremus* propre aux nouveaux saints, commence la messe, célébrée par le doyen du Sacré-Collège, S. Em. le Cardinal Oreglia.

A cet instant, Léon XIII descend de son trône, traverse tout le chœur, passant entre les évêques et archevêques debout dans leurs stalles et vient au pied de l'autel prier devant les reliques des nouveaux saints pendant l'*introibo*, puis s'en retourne assez allègrement.

On a tiré les rideaux qui fermaient les grandes fenêtres de l'abside, le jour tombe en plein sur son visage vénérable quand il passe devant nous, et nous pouvons contempler cette fine silhouette se profilant sur l'or des chapes des prélats qui nous font face, comme une figure claustrale du XIIIᵉ siècle dans une fresque de Fra Angelico.

Pendant ce temps, la célèbre maîtrise de la basilique a attaqué la messe de Palestrina. Depuis des heures, les yeux se repaissent, il est temps que l'oreille ait son tour. Quel festin pour elle ! Tout le monde est sous le charme, mais nos amateurs surtout boivent à longs traits les fameuses mélodies qu'ils croyaient connaître depuis longtemps, et qui leur semblent une révélation.

— De la cérémonie, disaient-ils en sortant, nous n'aurions eu que les chants, nous ne regretterions point le voyage.

Pendant qu'ils sont tout oreilles et que le chef-d'œuvre de la musique religieuse les absorbe entièrement, nous nous laissons encore distraire par une cérémonie, distraction dont nous demandons pardon au maître incontesté, mais dont le lecteur nous saura gré, car la scène se passait derrière l'autel, et beaucoup ne l'ont point vue.

On sait que primitivement le pain et le vin du sacrifice étaient offerts au célébrant par les fidèles, à l'intention desquels la messe était dite. De là l'offrande, où l'argent a remplacé les dons en nature. Mais, Rome est la gardienne des traditions, et l'offertoire amène aux pieds du trône de Léon XIII, un double cortège exactement pareil, présidé, l'un par le postulateur de la cause de S. Zaccharia, l'autre, par celui de la cause de S. P. Fourier. Les deux sont composés par des cardinaux de la S. Cong. des Rites, portant deux grands pains disposés sur des plateaux d'argent, l'un doré, l'autre argenté, avec les armes du Pape en relief ; puis deux barils, l'un doré, l'autre argenté, contenant l'eau et le vin, enfin trois cages, renfermant : la première, deux tourterelles ; la seconde, deux colombes ; la troisième, plusieurs petits oiseaux de différentes espèces. Ils sont accompagnés de deux gentilshommes portant deux gros cierges de 6o livres chacun, peints par des artistes ; les autres, par des religieux de l'Ordre du Saint, portant également des cierges artistement peints, mais du poids de 12 livres seulement. C'est la cause naturellement qui offre ces dons, y compris les plats d'argent ciselés.

Pourquoi ajouter au pain et au vin du sacrifice ces couples de tourterelles et de colombes ? Sans doute pour symboliser l'âme des saints, dont ces oiseaux rappellent les principales vertus : fidélité, pureté, sagesse, fuite du monde, amour de la solitude, etc. Les petits oiseaux vivant dans les régions supérieures, ne se posant à terre que le moins possible, sont bien l'image aussi de nos Saints. Et quand le Souverain Pontife leur rend la liberté, ils prennent leur vol comme les saints délivrés du corps le jour de la mort.

Est-ce de cette pensée que s'est inspiré le maître de chapelle de Saint-Pierre ? Pendant l'oblation de ces présents, on a exécuté un morceau de circonstance de sa composition (1). Des profondeurs de la coupole, paraissait descendre un véritable concert aérien, composé de 160 voix d'enfants, douces et fraîches ; on aurait dit toutes les colombes, tous les petits oiseaux lâchés à cette place dans les canonisations antérieures, saluant du haut du ciel leurs compagnes et compagnons ; ces voix alternent avec les chœurs d'hommes qui montent si puissants des profondeurs de la basilique.

Rien de solennel comme l'élévation. Les chants cessent, un grand silence se fait, il semble qu'on va entendre les battements de 40.000 cœurs : les gardes nobles sont rangés de chaque côté de l'autel de la confession. Au premier son de la clochette, ils ont genoux terre, une main sur la garde de l'épée, faisant de l'autre le salut militaire, les trompettes d'argent sonnent à la voûte, l'assistant du Souverain Pontife lui ôte sa calotte blanche, et nous voyons cette tête sacrée s'incliner, s'incliner encore, se prosterner presque le front dans la poussière, comme pour nous dire :

— Tout à l'heure j'étais quelque chose, et quand vous m'avez vu arriver ici précédé par un cortège unique au monde, quand vous avez aperçu 40.000 fronts se courber jusqu'à terre sous ma bénédiction, vous avez cru contem-

---

(1) Sur le *Cantate Domino canticum novum* : cantate à trois chœurs se répondant. Nous admirons surtout une admirable voix de soprano, dont les romains sont très fiers.
— C'est Moreschi ! c'est Moreschi ! entendons-nous répéter autour de nous. Et l'on est tout étonné qu'il y ait un français au monde qui ne connaisse pas Moreschi.

pler la plus haute incarnation de la Majesté, je n'étais
que son ombre. Voici la réalité. *Adoremus in æternum.*

Non, jamais nous n'avons éprouvé le sentiment de la
grandeur de Dieu et du néant de l'homme, comme en face
de ce spectacle du Pape dans tout l'appareil de la gloire,
s'humiliant devant le Dieu de l'Eucharistie. C'est là, et
non pas en face du cercueil de Louis XIV, que j'aurais
voulu entendre la voix de Massillon crier à tous :

— Dieu seul est grand.

Vive Léon XIII

C'était le triomphe du Christ. Après la messe nous assis-
tons au triomphe de son Vicaire. Léon XIII est remonté
dans la *sedia*, et la *sedia* sur les épaules des princes romains
en grand costume rouge et violet. Le cortège se reforme
pour le départ, et se met en marche majestueusement, la
garde noble en avant, tous les évêques, archevêques, primats, cardinaux, massés derrière, le Pape dominant toute
la scène, bénissant à droite et à gauche. En passant devant
nous, il adresse un dernier regard à la tribune diplomatique, puis se retourne vivement vers la tribune qui lui fait
face, des enfants habillés de blanc inclinent leurs têtes et il
leur donne une bénédiction lente, prolongée, soulignée d'un
sourire si bon, si particulier que nous entendons une dame
se pencher à l'oreille de sa voisine :

— Qu'est-ce donc que ces jeunes filles en blanc ?

— Les petites nièces de Léon XIII.

— Les petites nièces sont bien heureuses, voyez donc.

— Et le grand'oncle...

Mais l'oncle a déjà disparu pour faire place au Pape,
qui traverse de nouveau toute cette foule émue, frémis-
sante, muette par obéissance ; mais quel langage tradui-
rait ses sentiments sans les trahir !... A la vue des bras
qui se tendent, des mouchoirs qui s'agitent, des larmes
qui coulent, Léon XIII ne peut contenir son émotion.

— Oh ! il pleure, notre Léon XIII ! Oh ! il *povero Padre*,
s'écrie les dames romaines, et les mains de se tendre et
les mouchoirs de s'agiter frénétiquement jusqu'à ce qu'il
ait disparu à nos yeux. Après avoir suivi le même itiné-
raire à travers la foule massée dans la nef et contenue par
une double haie de gardes pontificaux, Sa Sainteté franchit
les grilles de la chapelle du Saint-Sacrement, et y dépose
ses ornements pontificaux, pour remonter dans ses appar-
tements par l'escalier latéral qui s'ouvre là ; mais alors les
applaudissements rompent toutes les digues officielles et
débordent à flots pressés comme un torrent, ébranlant les
murailles de marbre de Saint-Pierre. Puis tout retombe
dans le silence, et la foule s'écoule lentement.

« Si profane que fût cette manifestation dernière, dit le correspondant de l'*Univers*, c'était bien une impression religieuse que laissait aux assistants la cérémonie qui venait de finir ; et ce n'était pas seulement la présence de Léon XIII, ni celle de tant d'évêques venus de tous les points du monde, qui expliquaient cette impression ; mais la nature même de cette solennité. En est-il une où apparaisse d'une façon plus saisissante cette solidarité mystique qui relie, selon le dogme, tous les chrétiens de tous les âges ; où éclate d'une manière plus expressive cette alliance de l'église militante et de l'église triomphante ; où s'affirme plus catégoriquement le pouvoir du Pape » ; où l'on coudoie de plus près le surnaturel ? L'on y sent le divin pour ainsi dire à bout portant !

A la Sortie

Nous sommes assaillis par les camelots qui nous poursuivent avec les journaux rendant compte de la cérémonie, la *Vera Roma*, la *Voce della Verita*, dont les illustrations nombreuses font tout le mérite aux yeux des pèlerins qui ne peuvent lire le texte en italien.

Ils vous offrent également des abrégés de la vie des nouveaux saints, des images et des médailles à leur effigie. Mais il est 1 heure 1/2 passé, et la grande préoccupation, c'est de trouver le moyen de regagner son hôtel : les omnibus sont littéralement pris d'assaut. On s'y entasse jusque sur les marche-pieds, on s'y pend en grappes humaines. En un clin d'œil, toutes les voitures de place ont été enlevées, et la moitié des pèlerins reste sur le pavé. Nous faisons comme eux, nous regagnons notre gîte à pied : une demi-heure de course.

Au déjeuner, chacun raconte ses aventures, et il se trouve en somme que tout le monde est content : le hasard ou l'initiative individuelle ont suppléé presque partout à l'insuffisance des billets. Çà et là, quelques épisodes sont même venus dérider la galerie et servir d'entractes. Nous les gardons pour défrayer la conversation au retour.

Dans la soirée, nous prenons une voiture pour visiter quelques églises. Nous remarquons que toute la ville est en fête : nous gagnons les quartiers un peu excentriques pour étudier de plus près une fête populaire à Rome. Le cadre est le même que chez nous, un champ de foire occupé par les mêmes forains, tirs, chevaux de bois, confiseries, jeux, bals, etc. : Mais quelle différence dans la composition de la foule qui s'y presse ! La liesse n'y dégénère point en Kermesse, et le prêtre ne s'y trouve nullement déplacé ;

il pourrait même franchir le seuil du bal, où je n'ai jeté qu'un regard curieux et surpris : il n'y avait que des danseurs !...

De là, nous allons à Saint-Laurent-hors-les-murs, assister au mois de Marie. Cet exercice est resté populaire à Rome, parce qu'il a gardé son caractère initial de prière en famillle : pas de musique savante, pas de mise en scène même ; mais des fleurs fraîches aux pieds de la Vierge, une couronne de lumières encadrant sa douce figure ; des hommes, des femmes, des enfants agenouillés sur le pavé nu, pêle-mêle, au hasard de l'arrivée, se pressant jusqu'au premières marches de l'autel avec la confiance, j'allais dire le sans-gêne de l'intimité, chantant à qui mieux mieux comme une couvée qui gazouille, sous les ailes maternelles, le chant traditionnel. Un vieux capucin à barbe blanche expose le St-Sacrement, l'encense, se retourne vers ce peuple simple, lui parle quatre à cinq minutes dans un langage bonhomme, vif, animé, puis donne la bénédiction. Après quoi c'est le tour du public, et la cérémonie se termine par un cantique populaire que personne n'a besoin d'entonner parce que tout le monde y fait sa partie, chantant avec un entrain qui vous empoigne, et une allégresse communicative. C'est le *quam bonum et quam jucundum habitare fratres in unum !* en action.

Après cela nous comprenons que Pie IX ait choisi sa sépulture dans l'antique sanctuaire, pour reposer au milieu de cette bonne population. Si l'on a pu dire de lui : *Uemo tom Pater !* on peut ajouter en parlant d'elle : *Uemo tom filia* ; car les entrailles du père ne pouvaient trouver de cœur plus filial que celui de ce peuple.

Après nous être agenouillé longuement devant le tombeau du grand Pape dont le nom reste encore si vivant, après vingt ans, et la mémoire si vénérée, nous parcourons rapidement le *Campo Santo* de Rome, qui nous intéresserait plus vivement si nous n'avions point vu celui de Gênes auparavant.

Illuminations

Pas de fête sans illumination. Le cardinal-vicaire ne l'ignorait point. Il avait fait lancer aux catholiques Romains une pressante invitation, que le Comité de l'*Union catholique* avait semée partout : « Léon XIII, y lisait-on en substance, en canonisant les deux héros, a voulu honorer l'Italie et la France ; c'est un jour de joie pour les deux nations, que chacun s'y associe ! que tous illuminent ! »

Et tous illuminèrent. Le soir venu, les lanternes vénitiennes et les feux de Bengale festonnent les rues, et transforment jusqu'à la physionomie des faubourgs les plus reculés. Le caractère populaire de la fête s'accentue encore : un nouveau saint, pour les pauvres, c'est un protecteur de plus, et des protecteurs, ils n'en ont jamais trop !

Mais les établissements français se distinguent entre tous par le goût autant que par la profusion de leurs feux. Nous montons au Pincio pour jouir d'un coup d'œil d'ensemble, et nous admirons la Trinité-des-Monts qui étincelle de mille flammes. Elle n'oublie pas, sans doute, qu'elle fut jadis le titre cardinalice de S. Em. Mgr Caverot, le grand promoteur de la cause du Bon Père.

Nous voudrions avoir le pinceau de notre compatriote Claude Gelée, enterré là (1), pour dépeindre le spectacle que nous avons sous les yeux (2). Pour la première fois depuis 1870 la Rome chrétienne, victime de la spoliation italienne, oublie son deuil, et prend part à une joie publique. Pour la première fois depuis près de 40 ans la façade de St-Pierre est illuminée. Toutes les crêtes et la colonnade entière sont dessinées en traits de flammes. Néron faisant mettre le feu aux quatre coins de Rome recueillit moins de malédictions, que Léon XIII de bénédictions ce soir-là, de la foule immense massée devant l'obélisque, en face de l'embrasement de Saint-Pierre.

Et quand le bourdon de la Basilique, de sa voix puissante, vint dominer toutes ces rumeurs ; quand les cloches des 300 églises de la ville lui répondirent, faisant écho, sur la terre, au concert des anges qui chantaient la gloire des nouveaux Saints dans le ciel, ce fut le bouquet.

Le Triduum

La canonisation était une fête pour toute l'église, le triduum avait un caractère plus intime : nous le faisions chez nous, en famille, à Saint-Louis-des-Français, notre grand établissement national à Rome.

Le Supérieur de la Maison, Mgr d'Armaillac, l'avait décorée avec autant de magnificence que de goût, *sicut sponsam arnatam viro suo*. A l'extérieur, au-dessus de la porte principale, se détache sur fond blanc, une inscrip-

---

(1) Son mausolée s'élève dans l'église St-Louis-des-Français, mais son corps repose à la Trinité-des-Monts.

(2) Une seule église reste dans l'ombre, St-Nicolas-des-Lorrains. St Pierre Fourier n'a qu'un autel à Rome, et on ne peut y célébrer la messe ; car ceux qui détiennent ce petit bijou d'église n'ont songé ni à le pourvoir de ce qu'il faut pour les Saints mystères, ni à en illuminer au moins la façade pour ce soir. Nous faisons des vœux pour que ce sanctuaire si lorrain soit tiré de cet état d'abandon.

tion en lettres d'or, célébrant notre saint. Mais pénétrons à l'intérieur : des lustres disposés comme à Saint-Pierre, multiplient les gerbes de feu et les grappes de lumière ; le rétable du maître-autel disparait derrière une immense gloire aux rayons d'or, dont un grand tableau (l'apothéose de Saint Pierre Fourier) occupe le centre. Au fond, sous l'orgue, un autre tableau le complète et lui fait pendant. Inutile de les décrire, on les a achetés, nous les verrons à Mattaincourt. Les parois du sanctuaire, les arceaux de la nef, les ceintres des chapelles latérales, sont ornées de tentures en velours cramoisi et soie rouge, rehaussés de brocart d'or avec des enroulements formant torsades, ou des cordons faisant des retombées, autour des écussons aux armes de la famille Fourier brochant sur le tout. Bref, ici comme à Saint-Pierre, on ne sait quoi plus admirer de la profusion des ornements, ou de l'élégance avec laquelle on les a prodigués : il est facile de sentir que l'on a dit à l'ordonnateur : *Quantum potes, tantum aude !* Rien n'est trop beau, rien n'est trop grand pour le Bon Père !

Pendant les trois jours du triduum, 28, 29 et 30 mai, toute la colonie française de Rome vint se joindre aux pèlerins, pour donner aux offices de l'église de Saint-Louis un éclat digne de la France et de la nouvelle gloire dont l'Eglise vient d'enrichir ses annales religieuses.

Nous ne pouvons ici qu'en donner un aperçu trop sommaire, hélas ! la place et le temps nous font également défaut !

1ᵉʳ jour (vendredi 28 mai), la messe est chantée pontificalement par S. Em. Mgr Mathieu, archevêque de Toulouse. Panégyrique du saint en italien.

Aux Vêpres, panégyrique en français, par M. l'abbé Renauld, supérieur des prêtres auxiliaires de Nancy, qui mit bien en relief la *bonté* du Bon Père.

Le salut fut donné par le cardinal Perraud, évêque d'Autun.

2ᵉ jour samedi 29 mai), messe chantée pontificalement par Mgr Casas, archevêque d'Adrianopolis. Panégyrique en italien.

Aux Vêpres, Mgr Enard, évêque de Cahors, dans un discours remarquable et très remarqué, étudie dans le Bon Père, le *Curé*, et nous montre d'abord comment Pierre Fourier fut le type du curé, puis comment le clergé doit se former sur ce modèle. Nous nous reprocherions de déflorer cette belle page d'éloquence par une sèche analyse : nous préférons renvoyer le lecteur au texte même dont le *Bulletin* a eu la primeur. Rappelons seulement l'émotion produite par l'orateur, quand, avec autant de délicatesse que d'à-propos, se tournant vers le tombeau de Georges de Pimodan, le héros de Castelfidardo, enterré à St-Louis-des-Français. il évoqua l'ombre de son grand'oncle, Christophe de la Vallée, l'évêque de Toul, qui signa la nomination de Pierre Fourier à Mattaincourt.

Le cardinal Ferrata, ancien nonce à Paris, donna le salut, à l'issue duquel furent distribués les billets pour l'audience papale du lendemain, faveur qui fut loin de soulever l'enthousiasme, nous apportant une nouvelle déception. Ce n'était pas une simple audience qu'on nous avait promis, c'était bel et bien une messe pontificale.

— Mais enfin, disons-nous au directeur du pèlerinage, vous nous avez donc leurré ?

Pour réponse, il nous tend une lettre du comte Fourier de Bacourt, premier secrétaire d'ambassade de France à Rome, où nous lisons textuellement :

« Le maitre de chambre de S. S. m'a demandé quel était le nombre de nos pèlerins, j'ai répondu que probablement il y en aurait un millier. Alors, m'a-t-il répondu, on pourra les faire assiter à la messe du Pape ; après quoi le Saint-Père s'approchera d'eux. Cela se fera sans doute à la chapelle Sixtine. Cela vous va-t-il ? » (Lettre du 13 mai).

Le comte ajoutait à M. le curé de Mattaincourt : « Veuillez me répondre. » La réponse fut affirmative.

On avait compté sans le médecin de Sa Sainteté, qui, la veille y mit son *Veto*. Or, vous savez que si le Pape commande au monde entier, il est deux hommes auxquels il obéit, son confesseur et son médecin.

3ᵉ jour (30 mai). Messe pontificale par Mgr Robert, évêque de Marseille. Discours en italien. Aux vépres, panégyrique du Saint, par M. l'abbé Haslev, chanoine d'Avignon, neveu de Mgr Haslev, décédé archevêque de Cambrai. Il remplaçait Mgr Foucault, qui devait couronner brillamment cette série de sermons sur le Bon Père, en nous montrant en lui les vertus du *Saint*. Mais, l'audience renvoyée au soir, Sa Grandeur avait dû céder la parole à un autre, pour se rendre au Vatican à notre tête.

Le salut fut donné par le cardinal Aloïsi Mazella, préfet des rites et ponent de la cause du Bon Père, qui s'était réservé l'honneur de clore le *Triduum*. Il mettait ainsi le comble à ses faveurs, car il fut toujours l'un des plus ardents promoteurs de la Canonisation. Donnant un exemple de désintéressement qui mérite d'être cité à Rome, il refusa noblement les émoluments fort importants qui lui étaient dûs pour tant d'années de travaux, de démarches et d'études consacrées au service de notre cause, ne réclamant que le plaisir de clore le *Triduum*. Il a trop bien mérité de la Lorraine pour que nous ne déposions pas ici à ses pieds. l'hommage de notre profonde gratitude et de notre éternelle reconnaissance.

A la suite de ce nom, il en est un autre dont les pèlerins lorrains ont gardé un reconnaissant et sympathique souvenir, celui de Mgr d'Armaillac, pour l'accueil si bienveillant qu'ils ont reçu à St-Louis-des-Français. Ils en ont vu un troisième... à l'honneur ; mais à la peine ils ont surtout remarqué ces deux-là, et les ont gravés dans leur mémoire, — après celui de Léon XIII naturellement.

L'Audience

A partir de 2 heures, l'esplanade de St-Pierre s'anime, pèlerins et curieux commencent à affluer : omnibus et voitures de place se succèdent sans cesse, vomissant des flots humains, pour repartir à fond de train en quête d'autres clients. Sans compter les piétons, fort nombreux déjà parmi les pèlerins, tout fiers de montrer qu'ils connaissent maintenant Rome.

Tous se hâtent vers la basilique, malgré les camelots qui se mettent sur leur route avec une persistance agaçante, offrant journaux, albums, chapelets, médailles, etc., même des cartes postales avec l'effigie des nouveaux Saints.

Enfin nous visitons St-Pierre en détail. Nous sommes plusieurs milliers, mais qu'est-ce que cela dans un pareil vaisseau. L'on se croirait aux vêpres dans nos églises de village avec l'assistance ordinaire : même sensation de places vides. Seulement on n'y dort point : il y a tant à voir : peintures, sculptures, mosaïques, etc. La basilique a gardé ses décorations des fêtes, ce qui attire beaucoup de romains.

Nos Dames françaises, coiffées de mantilles, obtiennent des succès divers. Les Romaines les passent en revue, et semblent toutes heureuses quand elles constatent des mantilles épinglées par des mains novices. Triomphe pour l'Italie. Elles semblent dire :

— Voyez comme nous savons porter les coiffures de Paris, nous !

Pour nous, nous faisons un seul vœu : que toutes nos dames ne se contentent point de remporter en France les mantilles qu'elles ont dû acquérir pour l'occasion ; mais qu'elles les mettent. Nous sommes persuadés qu'elles auraient plus de succès en France qu'en Italie, et que la mantille courrait des chances de s'acclimater parmi nous. Les prêtres seraient les premiers à applaudir, la mantille étant une coiffure aussi modeste que gracieuse ; mais les maris et pères de famille ne seraient point les derniers, la mantille n'est pas ruineuse.

Après la visite de St-Pierre, celle du Vatican et de ses richesses artistiques. Seulement les musées sont fermés le dimanche à Rome.

— Encore une déception. Si seulement nous l'avions su d'avance, on n'aurait pas attendu le dernier jour, pour les visiter.

Nous quittons la basilique sous cette impression. Que faire, par cette chaleur, en attendant l'heure de l'audience pontificale ? Nous allons prendre un rafraichissement dans un café du voisinage.

Des pèlerins y entrent en coup de vent parlant des salles du Vatican, de la chapelle Sixtine, etc.

— Vous y êtes entrés ?

— Nous en sortons à l'instant : Voilà deux heures que nous parcourons le Vatican.

— Par exemple !

Déjà nous sommes debout, et en route pour le Vatican, où nous pénétrons enfin. Nos directeurs, à force d'instances, avaient fini par forcer la consigne et obtenir l'ouverture d'une partie des salles. Nous les parcourons très rapidement, pour nous arrêter plus longuement à la chapelle Sixtine, à la voûte de laquelle Michel-Ange a jeté ces fameuses fresques, qui sont considérées comme la plus sublime création de l'art. Depuis le temps qu'on vous le répète sur tous les tons, c'est pour vous un article de foi : celui qui n'a pas vu cela n'a rien vu ! Encore un peu et vous croiriez que celui qui a vu cela n'a plus rien à voir. Vous arrivez, l'imagination aidant, avec un idéal que la réalité trahit nécessairement, et vous éprouvez une nouvelle déception.

Disons aussi que depuis trois jours nous visitons les églises de Rome, et toutes les richesses artistiques (peintures et sculptures) que les siècles y ont accumulées, les transformant pour la plupart en véritables musées, la curiosité touche à son point de saturation, mauvaise disposition pour admirer même un chef-d'œuvre comme *le Jugement dernier*.

On s'extasie tout de même pour ne pas avoir l'air d'un sot ; mais combien les exclamations étaient plus spontanées, plus vraies d'accent, et surtout mieux nourries le long de la route, en face des beautés de la grande nature. Voilà ce que chacun se dit tout bas : pourquoi ne le dirions-nous pas tout haut ?

Mais voici un nouveau groupe de pèlerins qui sont avides de contempler le dernier mot de la peinture. Nous leur faisons place, pour passer à un autre spectacle : les jardins du Vatican sont ouverts. Nous sortons par une cour pour rentrer par une autre, longeant le bâtiment de la bibliothèque Vaticane, qui a bien un kilomètre d'étendue, nous montons, toujours *billietti al' mano*, franchissant l'un après l'autre les divers postes de gardes et de contrôles, et nous voilà à l'entrée d'une grande allée sablée, séparée par une haute muraille d'une autre fraîche et ombrée. A gauche, un parterre réservé, planté d'orangers, couverts de fruits, de grenadiers, de citronniers ; à droite, des dépendances de toutes sortes, basses-cours et vergers ; en face, un parc avec des fourrés, des sous-bois, des allées de buis arborescents aux senteurs âcres.

Nous allons nous y engager, lorsque nous voyons s'ouvrir les deux battants de la porte du Vatican et tout le monde s'y engouffrer. Nous suivons.

Enfin nous voilà dans la galerie des cartes géographiques, condamnés à piétiner deux longues heures, pendant lesquelles nous avons tout le temps de parcourir les groupes : nous y remarquons du clergé de Nancy, outre M. l'abbé Renaux déjà cité, Messieurs les curés de St-Jacques (de Lunéville), de Pont-à-Mousson et de Baccarat, du clergé de Verdun, MM. le très Révérend Père Vautrot, le P. Rogie, si connu par ses travaux sur le Bon Père, et M. le curé de Gondrecourt. Du clergé de Langres : le rédacteur de la *Croix de la Haute-Marne*, M. le chanoine Perriot, directeur de l'*Ami du clergé*, M. l'aumônier de l'hospice de Langres, etc. Du clergé de St-Dié: MM. les RR. PP. Rozerot, Supérieur de l'Institution St-Joseph d'Epinal : Conrard, des Oblats de Marie: les chanoines Gravier, curé de Mirecourt: Detté, Supérieur du Séminaire de N.-D. d'Autrey : Souillard, curé de Bruyères et Hilaire de Raon-l'Etape ; MM. les curés-doyens Mathias, de Senones, Welker, de Xertigny, etc.

Cette attente prolongée finit par énerver jusqu'à un brave homme de Sainte-Hélène, qui ne pouvant monter à sa tour, se dresse sur la pointe du pied.

— Eh ! bien, mon frère, vous ne voyez rien venir ?

— Rien, que des hallebardes ; et toujours les mêmes.

Nous regrettons de n'avoir point sous la main le recueil des lettres de Pierre Fourier : il est telle page de recommandations au P. Guinet partant pour Rome, qui aurait une saveur piquante ici : avec sa douce philosophie, sous laquelle se cachait tant de finesse et d'expérience des hommes, il avait deviné que la première provision pour un tel voyage, c'était l'art de savoir faire antichambre.

— Vous verrez, dit mon voisin de gauche, que le Pape ne viendra pas : son médecin se trouvera là pour nous l'escamoter.

Il se trompait, Léon XIII, après avoir fait les honneurs de son jardin au cardinal Langénieux et aux évêques français qui l'accompagnaient, se rendit avec eux à la galerie des tapisseries précédant la nôtre, et donna une audience particulière pour les Sœurs de Notre-Dame et la parenté du Bienheureux, c'est-à-dire sa famille spirituelle et temporelle. Il voulut apprendre, de la bouche même de la religieuse guérie par Saint Pierre Fourier, sœur Marie Alexandre, tous les détails de ce miracle éclatant qui avait décidé sa canonisation.

Quand il passe de cette galerie à la nôtre, il est 7 heures 1/2. Assis, un peu renversé dans sa chaise, le Souverain Pontife a un cortège simple, une douzaine de gardes et d'officiers, des prélats domestiques, nos évêques français et Mgr Foucault à leur tête, marchant à gauche du Pape, tandis que le reste du cortège suit plutôt qu'il n'accompagne. Les deux porteurs sont vêtus de velours cramoisi.

A Saint-Pierre nous avons vu le Vicaire de Jésus-Christ dans toute sa majesté, ici c'est le Saint Père dans toute sa bonté, « souriant et doux, et les âmes se font tendres, aimantes, affectueuses pour aller à lui. C'est le Père qui bénit et caresse ses enfants. L'émotion est douce, tout intime : on s'agenouille sur son passage... La tête est surprenante :... la bouche large sourit... le front vaste a des rides longues et minces jusqu'aux bouclettes argentées sortant de la calotte blanche. » 1

De temps en temps Mgr Foucault se penche à son oreille pour lui nommer quelqu'un ou lui présenter une requête : alors les porteurs s'arrêtent. Léon XIII abaisse sur le privilégié son regard perçant, cet œil si noir où semble s'être réfugiée toute son énergie, toute sa vie, et laisse tomber de ses lèvres une parole paternelle. Aux autres, il se contente d'abandonner sa main, dont chacun s'empare à son tour pour la baiser respectueusement.

Nous n'attendons pas la fin de l'audience. A quoi bon ! le Pape ne reviendra point sur ses pas : entré par une extrémité de la salle, il disparaîtra par l'autre. Quand nous nous relevons, et constatant que le vide se fait dans la galerie, nous gagnons la sortie. « Comme en un rêve, on descend de galeries en galeries : des coins de musées paraissent, avec des angles, où des marbres se dressent dans leur grâce souveraine. » P. Mougenot. Il est plus de 8 heures quand nous nous retrouvons sur la place de Saint-Pierre. Nous ne sommes pas les premiers, et les voitures sont parties.

— Eh ! bien, nous irons à pied.
— Pas aussi loin que le pèlerin de Plaine.

----

(1). — Paul Mougenot, Bulletin du 25 juin.

— Quel pèlerin ?

Alors nous apprenons que parmi ceux qui ont devancé le pèlerinage, il n'y a pas que des touristes. Un brave homme de Plaine, près de Schirmeck, qui n'avait pas même 87 francs à donner pour faire partie du groupe des braves, et qui voulait voir les fêtes de Rome, s'était dit que nos pères faisaient jadis la route à pied, couchant dans les granges, vivant du pain de la charité et de l'eau claire. Il était allé trouver son curé, qui lui avait donné son extrait de baptème, avec une lettre de recommandation, puis lui glissant une pièce dans la main, lui avait souhaité bon voyage.

Et le montagnard était parti, son chapelet d'une main, son bâton de l'autre. Il avait gravi le Saint-Gothard et bien d'autres montagnes : le cinquantième jour il arrivait à Rome, et trouvait gîte dans un asile de nuit pour cinq sous par jour. Dès le lendemain 15 jours avant les fêtes), il se présentait à la porte du Vatican, où on lui demandait son billet d'entrée, et il exhibait, avec une confiance digne d'un meilleur sort, son acte de baptème. Dans sa simplicité, il ignorait que depuis les âges primitifs, le temps a marché, et que la famille dont le Pape est le Père s'étant multipliée comme les grains de sable de la mer, il ne peut plus se mettre à la disposition de tous ses enfants.

Depuis longtemps déjà il parlementait, et comme il ne parlait que le français et les gardes l'italien, le débat menaçait de s'éterniser. lorsque le hasard amena au seuil du palais l'un des premiers dignitaires de l'entourage de Léon XIII, qui savait notre langue et ne nous détestait pas trop (vous voyez que la Providence est grande !) Il voulut savoir de quoi il s'agissait, fit parler le bonhomme et lui dit en souriant : « Venez avec moi ! » Les gardes surpris de voir introduire ce paysan pauvrement vêtu et grossièrement chaussé, s'écartèrent. Quelques instants après le Souverain Pontife, traversant une galerie pour gagner la porte de ses jardins, était arrêté en face d'un montagnard qui s'agenouillait en tortillant son chapeau d'un air embarrassé. Son introducteur raconta l'odyssée, et Léon XIII charmé, l'entretint un instant, le comblant des marques de sa bonté paternelle.

Quelques Français, le P. Georges entr'autres, mis au courant de sa situation, vinrent à son secours (car ses petites ressources étaient épuisées) : il put rester à Rome jusqu'à la canonisation, et visiter toutes les églises de la ville à pied. Et dès le 28, au matin. il avait repris son bâton ferré, pour regagner à petites journées ses montagnes, en passant cette fois par le grand Saint-Bernard.

Son pèlerinage touche à sa fin. Il pourra se vanter d'avoir vu du pays et parlé au Pape, les deux souhaits qu'avait fait mon grand'père, et que j'ai accompli consciencieusement à sa place,... si c'est *voir* du pays que de le traverser à toute vapeur, et faire un *pèlerinage*, que de voyager en seconde, en compagnie de bons amis près desquels le temps passe si agréablement !!

LE RETOUR

Nous ne parlerons point de nos courses à travers les monuments de la ville : tout a été dit sur Rome, ses ruines et ses souvenirs, que pourrions-nous y ajouter ! Ce n'est pas dans trois jours qu'on fait des découvertes.

Le départ était fixé à 11 h. 20 : mais une heure auparavant l'on prenait déjà le chemin de la gare afin d'arriver à temps pour choisir son compartiment. On fit queue à la porte des salles d'attente fermées, et quand elles s'ouvrirent, commença une véritable course au sac, tout le monde se bousculant pour arriver bon premier, s'emparer d'un compartiment et le défendre contre les assauts répétés des suivants, afin de le garder pour les amis et rester en famille. Il y eut des luttes homériques, des prises de bec qui durent plus d'une fois nécessiter l'intervention des directeurs du pèlerinage. Mais tout le monde fut casé, si tout le monde ne fut pas content.

Le lundi à 5 heures du matin, nous étions à Assise. Mgr Foucault, évêque de Saint-Dié, qui devait célébrer pontificalement la messe à la *Portioncule*, avait dû retarder son départ jusqu'au lendemain, à la suite des fatigues de l'audience. Ce fut M. le curé de Saint-Jacques de Lunéville qui chanta la messe de pèlerinage, à laquelle n'assistaient qu'une partie des pèlerins, les autres étant montés directement à Assise.

Etrange ville qu'Assise, perchée sur sa montagne de granit, elle n'a pas daigné, comme tant d'autres vieilles cités antiques, descendre dans la plaine avec les temps modernes. Et cependant quelle ravissante plaine que celle-là, fertile, ouverte, arrosée par la rivière la plus docile que l'on connaisse au monde !

Il n'en fut pas toujours ainsi, car le Tibre qui, avant de devenir le grand fleuve de l'Italie, est un simple torrent des montagnes, débordait trop volontiers à la saison des pluies. Un jour qu'il avait vraiment abusé de ce droit dévastateur, Saint François crut devoir intervenir, le morigéna comme il faisait pour toutes les créatures du bon Dieu, et lui intima la défense formelle de ne jamais plus sortir de son lit, le Créateur le lui ayant fait assez large. Le torrent se soumit ; depuis bientôt 600 ans, il a beau pleuvoir dans la montagne, ni les trombes, ni la fonte des neiges n'ont réussi une seule fois à amener le moindre débordement, et l'on peut en toute sécurité jardiner sur ses bords.

Du reste le souvenir du saint embaume encore toute la contrée : de là, ce charme particulier qui se dégage de chacun de ses monuments et vous fait dire comme au Thabor : — Il fait bon ici, j'y planterais bien ma tente. Et je ne connais pas d'autre lieu en Italie, pas même Venise, pas même Naples, qui m'ait inspiré ce sentiment.

C'est là que Dante conçut son immortel poème, que le *Stabat Mater* et le *Dies iræ* furent composés, là que les peintres de l'Ombrie fondèrent cette école divine de la peinture spiritualiste, dont on a pu égaler la grâce et le coloris, mais dont l'élévation, la pureté, l'inspiration sont restées hors pair.

Il faudrait décrire en détail, presque pierre par pierre cette basilique, avec sa crypte pleine d'ombre et de souvenirs : toute la pléïade de saints, de poètes, d'artistes éclose au souffle du doux patriarche y a passé, s'y est épanouie, y a laissé une trace ineffaçable de son passage, un parfum que les générations viennent respirer pieusement.

De la terrasse de ce vieux couvent dont le gouvernement italien s'est emparé, comme de tant d'autres, l'œil ne se lasse point de planer sur cet admirable panorama, qui s'étend jusqu'aux murailles blanches de Pérouse. Ah ! comme on comprend que S. François d'Assise ait été poète ici, et Léon XIII là-bas : ils avaient le même paysage sous les yeux, la même source divine pour s'alimenter.

En faisant mon examen de conscience le soir, je me demandais s'il n'y avait pas une autre raison de la sympathie que m'a inspirée cette vieille basilique : c'est presque la seule de l'Italie qui appartienne au style gothique. Elle est trop sœur de nos grandes églises françaises du moyenâge pour avoir été conçue par un architecte italien. C'est une basilique française poussée en Italie. Voilà tout le secret.

Nous nous sommes attardés ici, et nous n'avons pas perdu notre temps, car nous avons eu, grâce à la grande bienveillance de Mgr l'Evêque du lieu, le bonheur de vénérer le voile de la Sainte Vierge.

Nous voyons en courant la cathédrale, l'église Sainte Claire, où nous vénérons son corps intact dans la crypte, la maison de Saint François, etc. Nous passons trop vite, hélas ! dans cette vieille cité du moyen-âge, aux rues étroites, au pavé glissant, aux maisons archaïques, qui semble une évocation du passé. Si jamais nous y revenons ce sera au moins pour y séjourner une nuit: les ombres du soir aidant, l'illusion est plus complète, et le voyageur perdu dans le dédale des rues doit se demander s'il ne fait pas un rêve dans une ville du XVe siècle.

La chaleur est torride : nous prenons une voiture pour redescendre comme pour monter.

A 11 h. 40, nous jetons un dernier regard à cette chère vallée, qui nous laisserait plus d'un regret, si nous n'avions l'espérance d'y revenir.

Mais le doux au revoir est souvent de l'adieu
Le masque riant et perfide !

Oh ! la charmante contrée que nous traversons ensuite, longeant ce beau lac de Trasimène, franchissant les champs de blé, semés de muriers, de vignes, de pruniers aux fruits déjà murs. Puis nous montons, le pays devient plus accidenté, bien cultivé, riche. La pauvreté de l'Italie est une légende.

A 5 heures, nous sommes à Florence : à 6 heures, clôture du mois de Marie à Sainte-Marie-des-Fleurs (la cathédrale) : après le diner, qui eut lieu à 7 h., nous faisons une première promenade dans la ville des Médicis, et nous avons la bonne fortune de la faire aux côtés du R. P. Roserot, en la compagnie duquel les heures passent si rapides et si profitables.

Près du palais Pitti nous faisons la rencontre d'un rédacteur de l'*Unita Cattolica*, qui nous parle des luttes du parti catholique en Italie, des moyens d'actions, de ses entraves, de ses espérances, et quand nous nous séparons, après une vigoureuse poignée de main, il nous semble que nous sommes un peu moins mécontents de nous : les œuvres françaises ne font pas trop mauvaise figure quand on les compare à d'autres.

Mardi 1er juin. — A 5 h. nous sommes à la recherche d'une église qui soit déjà ouverte pour y dire la messe. A 7 h. nous faisons l'ascension des 463 marches du *campanile*, cette merveilleuse création de Giotto, d'où l'œil embrasse toute la cité et ses environs jusqu'à Fiesole : un vrai parc d'oliviers.

A 8 heures, messe du pèlerinage à la cathédrale. Mgr

Foucault a repris sa place à la tête du pèlerinage. Avec son bonheur habituel, il s'inspire des temps, des circonstances et des lieux. Nous sortons d'Assise et nous entrons à Florence, qui incarne deux grandes écoles, deux idées bien différentes. Entre les deux, son cœur d'évêque et son âme d'artiste n'hésitent point : ils vont à Saint François d'Assise dont le patronage fut autrement fécond (même au point de vue des arts) que celui des Médicis.

Partant de ce grand principe, que tout ce que l'individu se retranche à soi-même, il le donne à la communauté, S. François fait une guerre à mort à l'égoïsme, et par le renoncement, il provoque une floraison admirable de générosité. Armé de ce levier puissant, il est plus fort qu'Archimède, il soulève le monde, lance la société dans des voies nouvelles, prépare le règne de la justice, fait germer des pléiades de Saints, de génies, d'artistes, de grands citoyens.

Puis, comparant le XIIIᵉ siècle avec le nôtre, Sa Grandeur nous montre qu'aux mêmes maux il faut des remèdes identiques. Que faut-il pour soulever notre société jouisseuse et égoïste, mais gardant au fond une étincelle de générosité ? Souffler sur la cendre qui la recouvre, la rallumer au cœur de la France. Mais pour cela nous devons emporter des sanctuaires de Rome et d'Assise autre chose que des impressions de voyage, et des monuments de Florence autre chose que des souvenirs de touristes, mais une volonté retrempée dans l'amour du sacrifice, une résolution ferme, virile, d'être des chrétiens avant tout.

Ainsi soit-il ! c'est par ces trois mots que nous traduisons le *Credo* chanté en masse pendant que Sa Grandeur achève la messe.

Toute la journée est consacrée à la visite de la ville : *la cathédrale*, gothique comme celle d'Assise, que Brunelleschi dépara par un chef-d'œuvre, en construisant la coupole qui servit de modèle à Michel-Ange pour celle de St-Pierre. *Santa-Croce*, sombre, austère comme une chapelle mortuaire, éclairée par de superbes vitraux gothiques, ancienne église des Franciscains transformée aujourd'hui en Panthéon : mais les morts y sont en plus noble compagnie que dans le nôtre : là reposent Galilée, Michel-Ange, Machiavel; le Dante, Alfieri y ont également leurs cénotaphes et d'autres encore. Plusieurs sont des chefs-d'œuvres, tous des monuments remarquables; il en est un d'une ironie d'autant plus réussie que l'artiste lui-même l'a peut-être trouvée sans la chercher, c'est le monument de Machiavel, personnifiant la politique sous la forme d'une femme tenant une balance, sur laquelle... elle a l'air de s'asseoir, détail qui a échappé jusqu'ici aux critiques, nous ne savons pourquoi.

De là, l'excursion se dirige vers le jardin Boboli et nous gagnons les hauteurs qui dominent Florence. Total, jolie vue, mais deux heures perdues : quand nous redescendrons, San Marco sera fermée, et les fresques de Fra-Angelico sous clef ; nous n'aurons que le temps d'entrevoir San-Lorenzo, l'un des plus beaux sanctuaires de l'art italien, et de donner un coup d'œil aux fameuses statues de Michel-Ange, sa dernière œuvre, puisque deux statues sont restées à l'état d'ébauches, mais si puissantes d'inspiration qu'on se sent empoigné comme on ne l'est nulle part ailleurs, pas même à Saint-Pierre, on croit assister à l'œuvre créatrice du génie dans l'enfantement.

De là nous voudrions retourner aux musées des Offices et du Palais Pitti, que nous avons visités trop sommairement. Ils sont fermés. Nous le regrettons d'autant plus, qu'après le suprême effort de l'art dans la sculpture, il n'y avait que les Vierges de Raphaël, ce joyau du musée Pitti, pour nous permettre de ne pas déchoir des sommets les plus inaccessibles du beau.

A 8 heures, nous quittons Florence, et le lendemain à 5 heures du matin, nous sommes à Padoue, où nous attendent une légion de voitures, avec autant de cochers, experts dans l'art de rançonner les voyageurs. Le notre nous conduit à la Cathédrale, au lieu de la basilique de St-Antoine, nous privant ainsi et de la faveur de célébrer la Sainte Messe au tombeau du célèbre Thaumaturge, et d'assister à celle de Monseigneur.

A 9 heures, nous remontions déjà en wagon. Une heure plus tard, nous étions à Venise. Certes, les lagunes ne sont point l'idéal, et les canaux ne sont pas précisément remplis de l'eau claire de nos montagnes, je vous l'accorde ; mais au moins vous êtes débarrassés des cochers et des camelots !

Venise évoque des idées orientales : avec ses dômes, ses campaniles, ses clochers, ses palais aux toits plats, ses marbres et ses mosaïques aux vives couleurs, les flots glauques de la mer qui l'entourent d'une ceinture azurée, elle ressemble à un vol de mouettes aux blanches ailes posées sur un rocher à fleur d'eau ; elle en a la grâce svelte, le calme. Vue de près, le charme commence à s'affaiblir : la mouette est empaillée. Pas de vie : c'est une ville qui vit de son passé ; il ne lui reste que sa cathédrale et le palais des Doges, comme à l'oiseau empaillé il reste son plumage.

— Eh ! me direz-vous, n'est-ce pas beaucoup ?

— Je l'accorde ; cette église Saint-Marc avec ses mosaïques, ses statues, ses sculptures, ses dômes, ses campaniles, toutes les merveilles de pierre et de bronze, c'est féerique comme un rêve, mais ce n'est qu'un rêve : c'est merveilleux à l'œil, mais ce n'est qu'un plumage, près duquel on s'arrête un instant avec plaisir, pour reprendre sa route ensuite sans tourner la tête.

Venise n'est pas une ville où l'on revient. Il faut la voir une fois, car c'est une rareté : mais c'est tout.

Le soir cependant, la place Saint-Marc s'anime : les galeries en arcades, qui lui font une ceinture royale, toute étincelantes d'or et de pierreries, s'allument, la lumière éblouissante du gaz ou de l'électricité fait de toutes ces boutiques de joailliers des centres d'attractions, les promeneurs affluent, la place se peuple d'humains et de pigeons : aux uns on jette du maïs, aux autres de la musique, *di primo cartello*, il faut l'avouer. Alors vous sentez la vie se réveiller pour quelques heures, et le pouls battre aux deux artères de ce corps de marbre, le port et le grand canal. Mais c'est une vie factice faite de l'afflux des étrangers : demain matin la léthargie sera complète, comme dans la *Belle au bois dormant*, et vous vous surprendrez à murmurer l'exclamation du gentil troubadour du Moyen-Age : « Et l'oisel était empaillé ! »

C'est peut-être l'impression personnelle et maussade d'un voyageur réveillé trop matin. Comme le départ est fixé à 6 heures, il a fallu être debout dès l'*angelus*, descendre prestement dans les gondoles, qui nous promènent à marée basse, à travers des égouts décorés pompeusement du nom de canaux. De là sans doute cette vague sensation de cité *morte* qui nous est demeurée, on reste toujours sur la dernière impression....

Il est près de 2 heures quand nous arrivons à Milan, où nous a précédés M. l'abbé Legros, vicaire général de St-Dié, qui vient de faire une excursion à Lorette et Bari.

Il nous a préparé les voies : on nous donne rendez-vous à l'église Saint-Ambroise, dont S. Em. le cardinal Ferrari veut nous faire en personne les honneurs. M. le curé de Mattaincourt se met à la tête de la caravane, et oublie de nous prévenir qu'il s'agit d'un parcours de 3 kil., par une chaleur tropicale...

Tout en essayant de le suivre, nous supputons les siècles écoulés, et nous nous disons qu'il y a juste 270 ans (c'est-à-dire le 3 juin 1627), le R. P. Guinet, député à Rome par le Bon Père, pour négocier l'approbation de son institut, s'arrêtait déjà à Milan pour y faire le pèlerinage des souvenirs.

Les Chanoines Réguliers sont les fils de Saint Augustin, dont ils suivent la règle ; et 15 jours après son passage dans cette cité, le P. Guinet écrivait à son supérieur

(le 19 juin) . « Nous nous rappellions quelles grandes grâ-
« ces Saint Augustin avait reçues à Milan, et nous savions
« que là se trouve le lieu si cher à nos ancêtres par le sou-
« venir de son baptême ; mais qui, hélas ! est à peine
« connu d'un petit nombre de personnes, tant sont ingra-
« tes les mœurs de notre temps.

« L'ayant donc cherché par les rues de cette vaste cité,
« l'espace de 3 à 4 milles de chemin (comme nous !), nous
« avons eu le bonheur de le trouver et d'y entrer avec une
« joie que nous pouvions à peine contenir.

« C'est une toute petite chapelle, sans ornements ni
« apparence extérieure, qui ne respire et ne présente à
« l'esprit de ceux qui la visitent que la simplicité de sa vé-
« nérable antiquité.

« Sur le mur du fond, près de l'autel, est représentée, en
« peintures naïves, mais très anciennes, toute la cérémo-
« nie si célèbre des trois heureux néophytes. On y peut
« voir l'expression de l'incroyable joie de Ste Monique,
« et des transports de son âme ravie, comme aussi de l'al-
« légresse du vénérable vieillard Simplicius.

« Pour nous, à la pensée que c'était là le lieu où S. Au-
« gustin était né à Dieu, nous avons offert à ce Bon Père
« le berceau de notre Congrégation naissante (1). »

Nous trouvons la vieille église encombrée par les écha-
faudages, en pleine restauration : mais nous n'en savons
pas moins gré au vénérable Cardinal d'avoir, malgré tout,
choisi ce sanctuaire pour nous souhaiter la bienvenue :
il y a des attentions qu'un autre n'eut point trouvées, et
ce n'est pas la seule dont nous conservons le souvenir en
quittant Milan !

Monseigneur Foucault parle d'une voix fatiguée. Après
le compliment d'usage que le cardinal Ferrari méritait si
bien, Sa Grandeur ajoute : « Je donne la parole à S. Ambroise : c'est sa voix qui doit se faire entendre ici : tous
nous avons à apprendre de lui. Vous avez fait votre pèlerinage, permettez-moi de faire le mien, et, en venant me
prosterner devant le tombeau de celui dont vous connais-
sez l'attitude en face de l'empereur Théodose, me mettre
à son école pour y puiser, avec l'amour de l'Eglise et la
passion des âmes qui font le pasteur, la fermeté, l'énergie,
l'intrépidité dont S. Ambroise nous a donné la mesure....
Soyez sûr qu'à l'occasion votre évêque se souviendra de
cette visite. »

____

(1) Lettres du B. P. Fourier, recueillies par le R. P. Rogie,
III, 45 46.

Mais ce n'est pas seulement l'évêque qui doit se mettre à l'école de S. Ambroise ; à cette époque surtout, l'énergie, le courage, l'intrépidité ne sont pas seulement nécessaires aux pasteurs, elles le sont aux fidèles. Impossible maintenant de rester chrétien sans être courageux ; et il faut souvent de l'intrépidité pour ne pas trahir son devoir.

« Rappelez-vous, chers pèlerins, la conquête de S. Augustin par S. Ambroise. Avec cette fermeté toute imprégnée de douceur, il fit jaillir la foi dans cette âme égarée... Soyez des Ambroise, et vous ferez des conquêtes à J.-C. »

« Au sortir d'ici, continue l'orateur, nous irons nous agenouiller devant le tombeau de Saint Zaccaria : l'église, en l'associant à notre saint compatriote, n'a pas voulu seulement les confondre dans la même gloire, mais les unir dans la même vénération. »

Est-ce fortuitement que Pierre Fourier et Saint Zaccaria ont eu une apothéose commune ? Non certes, entre ces deux âmes d'apôtres il y avait plus d'une affinité. A un siècle de distance elles se sont émues des mêmes défections morales : et pour y apporter remède elles ont eu les mêmes inspirations : le premier souci de chacun d'eux fut la rénovation du clergé et la protection de l'enfance. Tous deux fondèrent un ordre et en réformèrent un autre ; tous deux virent leur œuvre détruite par le même cataclysme, cette révolution française, qui fit des ruines de ce côté des Alpes comme de l'autre ; tous deux enfin ont vu renaître une seule de leurs institutions, avec cette différence que d'un côté c'était la congrégation d'hommes, et de l'autre celle de femmes.

Pourquoi ? c'est le secret de Dieu : mais il est un fait qui se dégage de l'apostolat de S. Zaccaria à Crémone, comme de celui de S. P. Fourier à Mattaincourt : c'est que à Crémone comme à Mattaincourt, il a suffi d'un saint prêtre pour transformer un peuple de chrétiens dégénérés...

Mais si les bons prêtres font les bonnes paroisses, les bonnes paroisses aussi font les bons prêtres, et l'on a raison de dire *sic populus, sic sacerdos...* Donc prêtres et fidèles ont également à apprendre au tombeau de S. Zaccaria.

Le digne archevêque de Milan répondit et poussa la bonté jusqu'à bégayer notre langue pour se faire comprendre de tous. Dans un langage digne et élevé, il nous convia à la fraternité de la prière, après la fraternité du cœur. Les fêtes de Rome ont, en effet, établit des liens de parenté non seulement entre les deux Saints, mais entre les deux diocèses.

Mgr Foucault remercie doublement Son Em. le cardinal Ferrari, et de son gracieux accueil, et d'avoir daigné nous le faire en français. On sent en effet, en lui, un ami de la France. Pour mettre le comble à son amabilité, il aurait bien dû entonner le *Te Deum* comme on le chante en France ; mais l'hymne de S. Ambroise, poussé par 700 poitrines françaises, risquait peut-être d'ébranler les voûtes de la vieille église, tandis que sur les lèvres des chantres italiens, on n'a rien à craindre...

Ce *Te Deum* clôturait, à vrai dire, dans le programme, le salut qui était le dernier office du pèlerinage lorrain, mais ne clôturait pas tout à fait notre voyage. Nous visitons ensuite la cathédrale, ce fameux *duomo* dont les Milanais sont si fiers. Ils ont raison. c'est une merveilleuse conception, qui étonne autant par le détail de l'exécution que par l'unité grandiose du plan. Tout ce fouillis de clochetons, de dentelles, de flèches élégantes, de colonnettes, de bas-reliefs, de statues, de festons ajourés en marbre blanc, sont tellement harmonieusement disposés, qu'ils semblent avoir poussé d'un seul jet, et jailli du cerveau virginal d'un moine de génie, rêvant au pied de l'autel, de la Jérusalem Céleste. Mais ne perdons pas notre temps comme tant d'autres à les décrire. entrons plutôt.

Nous ne dirons rien des richesses artistiques dont la cathédrale s'enorgueillit, pas même de la célèbre statue de Saint-Barthélemy. Il est une chose moins artistique, mais qui nous a touché davantage, c'est la cuve baptismale, qui n'est pas un chef-d'œuvre, mais que l'on a revêtue d'une sorte de conopée en satin frangé d'or, et surmontée d'une sorte de pavillon de même. C'est gracieux d'abord, mais cela appelle surtout l'attention sur le sacrement que l'on y reçoit. En face du respect dont est entouré ici l'eau régénératrice qui nous fait chrétien, il est impossible que le fidèle n'ait pas une haute idée de la dignité que l'on y reçoit. En tout cas il donnera un autre prix au sacrement de baptême, en voyant comment on le traite ici, qu'en présence des cuves baptismales reléguées dans le coin (transformé en décharge) de certaines églises.

Après une visite sommaire de la basilique, nous descendons dans la crypte sous le maître-autel : ses parois revêtues d'argent massif ciselé, en font un richissime écrin, dont le joyau est sans prix : le corps embeaumé de saint Charles Borromée y repose, revêtu encore de ses habits pontificaux : la figure serait entière, n'étaient les cartilages du nez disparus. Nous nous agenouillons longuement devant le corps de notre saint patron... Puisse-t-il avoir entendu notre prière !

Ensuite il ne nous reste plus à voir que la statue de saint Pierre Fourier en marbre blanc, qui surmonte la Basilique. Comment est-on venu chercher au fond de la Lorraine l'humble curé de Mattaincourt pour orner les galeries qui font, du toit de l'église, un musée incomparable ? Sans doute parce qu'il a été le continuateur de saint Augustin, en réformant les chanoines réguliers qui portent son nom.

Nous n'avons pu vénérer le clou de la vraie croix : il n'est exposé au culte public qu'à certains jours. C'est notre seul regret.

De là nous allons prier devant le corps de saint Zaccaria, qui repose sous l'autel de l'église saint Barnabé.

Bien d'autres sanctuaires mériteraient un coup d'œil ; car Milan n'est pas surnommée la grande pour rien, mais nous n'avons pas le temps.

— Combien faudrait-il pour visiter Milan, demandait-on à un naturel du pays ?

— Cela dépend ce que vous voulez y voir.

— Ses antiquités, par exemple ?

— *Una ora, signor.*

— Et les curiosités ?

— *Uno giorno* (un jour).

— Et les musées ?

— *Una settimana, signor* (une semaine).

— Et les cafés ?

— *Una mese* (un mois), *signor.*

— Et les théâtres ?

— *Uno anno, signor.*

— Et les couvents ?

— *Uno secolo, signor,* (un siècle).

— Et les églises ?

— *Sempre,* (toujours), *signor.*

C'est peut-être le même qui était à la sacristie de la cathédrale de Milan, la dernière fois qu'y passa Mgr Sonnois. Voyant un évêque français agenouillé devant le tombeau de saint Charles, et attendant qu'il fut libre pour y célébrer la sainte messe, il se penche à l'oreille de M. l'abbé Sonnois, son frère, agenouillé près de lui, et apprend que c'est l'archevêque de Cambrai.

— Cambrai, dit-il avec admiration, le premier diocèse du monde.

— Eh ! mais, et celui de Milan ?

— Est le premier de l'Italie, illustrissime signor.

— Oh ! ces Italiens !

Nous quittons Milan à 7 h. 30 pour retrouver le train Suisse et la douane à Chiasso vers 9 h., repasser le tunnel du Saint-Gothard à minuit comme la première fois.

Le vendredi 4 juin à 8 h. nous étions à Bâle, à Delle à midi, et nous chantions le *Magnificat* à Epinal à 3 h. 40, où nous nous séparions en nous rappelant mutuellement les dernières paroles que nous adressait la veille Mgr l'évêque de Saint-Dié, du haut de la chaire de Saint-Ambroise :

« Gardons précieusement, gardons éternellement le souvenir des jours que nous avons passés ensemble, des sanctuaires que nous avons visités, des joies que nous avons goûtées, des grâces que nous avons reçues et des faveurs dont nous avons été comblées pendant les jours trop courts de ce pélerinage. »

Et envoyons le merci du cœur, et à l'infatigable curé de Mattaincourt qui nous les a procurés, et à Sa Grandeur, Mgr Foucault, qui, par sa présence au milieu de nous, sa bonté si paternelle et l'éclat de sa parole, en a doublé le prix.

L'Abbé PIERFITTE,
Curé de Portieux.

Mattaincourt, le 7 juillet, fête de saint Pierre FOURIER.

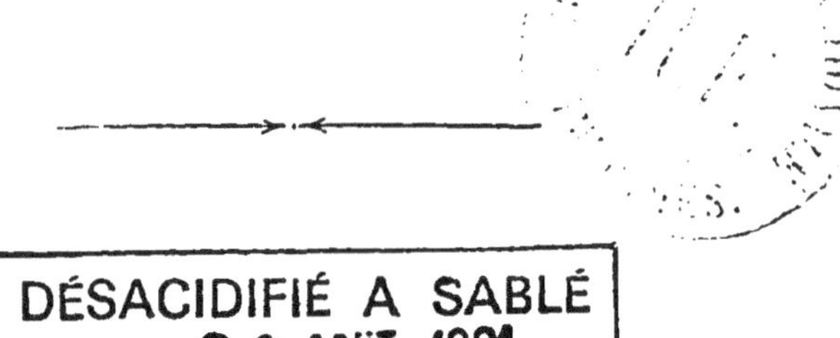

Du même auteur, en vente à Portieux (Vosges) :

Trois jours à Rome (1890) — 0 fr. 50 ; — *franco*, 0 fr. 60.

La Justice à Vittel avant 1789, broch., 60 pages in-8°
— 0 fr. 50 ; — *franco*, 0 fr. 60.